猶太人的
金錢與人生

林郁／著

前言

一般人只要提起猶太人，無不升起一股肅然心境，推崇備致——

猶太人是世界上最優秀的民族；

猶太人是書的民族，沒有文盲；

猶太人篤信猶太教，並忠誠奉獻；

猶太人在各行各業成就非凡，都執牛耳；

猶太人是世界第一流的商人；

……

沒錯，猶太人是個人才濟濟的民族，除了耶穌是道道地地的猶太人之外，在各領域獨占風騷者更比比皆是。例如，大哲學家斯賓諾莎，社會主義的導師馬克斯，物理之父愛因斯坦，心理分析大師佛洛依德、佛洛姆，繪畫奇才夏卡爾，音樂奇葩孟德爾松……等等，在在都證明猶太人是世界十分優秀的民族。

然而，是什麼原因造就出如此卓越的人類？
到底猶太人，他們心裡都在想些什麼？
為什麼和你我之間，會有如此的「大不同」呢？

本書試著以不同的角度，來「超譯」猶太人，讓我們以更多元的方式，來探討猶太人，從金錢與人生談到經營的謀略；從樂施好善的募捐手法叫人嘆為觀止，以及猶太人在律師界、醫學界、藝術界的發揚光大，最後我們還將很少露臉的猶太人犯罪故事，也向大家做一個精彩的報導，希望本書有別於坊間的同類型作品……

當然，要談猶太人永遠離不開「錢」這個話題，世人幾乎會將猶太人與金錢劃上等號，儘管錢人人喜歡，可對猶太人會賺錢，擁有大量的錢，卻又露出鄙視的眼光，真是沒有道理！

不過，也不是沒有道理。道理就是你嫉妒人家，你沒有人家會掙錢，也不去研究人家怎麼掙錢……所以，以下的文章，你不妨好好去研究一下！

更重要的是——你「要改變」！只要把猶太人的思路摸清了，你把觀念改了，人人都會有出路！

第2章 猶太人的經營謀略學／065

第3章

你的錢就是我的錢／113

第4章 猶太人是天生律師性格的民族／149

第5章 猶太人在醫學界／185

第6章 猶太人在藝術界／213

第7章 猶太人的犯罪故事／241

第 I 章

猶太人的金錢與人生

要談猶太人，好像永遠離不開「錢」這個話題，世人幾乎會將「猶太人與錢」劃上等號，儘管錢人人喜歡，可對猶太人會賺錢，擁有大量的錢，卻又露出鄙視的眼光，真是沒有道理！

不過也不是沒有道理，道理就是你嫉妒人家，你沒有人家會掙錢，也不去研究人家怎麼掙錢……所以，以下的文章，你不妨好好去研究一下！更重要的是「要改變」，把觀念改了，人人都會有出路。

1．金錢與智慧

猶太人熱中於賺錢，這是人所皆知的事！

不同的是，猶太人對賺錢始終保持一種「平常心」，也就是始終把賺錢看作是一件極為平常、極為正常的事，既沒有對錢敬之如神，也沒有惡之如鬼，更沒有又想要錢又羞於碰錢，伸手拿錢之際眼睛卻故意飄向別處。錢乾乾淨淨、平平常常，賺錢堂堂正正、大大方方。以這樣的心境，猶太人賺錢時就出奇地隨意自在，理所當然。

猶太人是一個酷愛智慧的民族，猶太人也是極擅長於以智取勝的商人。其他不說，在實業世界中專執金融這個牛耳就足以證明這一點。不過智慧這個詞也屬於模糊概念，範圍極大、定義又不清，到底什麼是智慧，可能各有各的說法，那麼在猶太人看來，什麼是智慧呢？

猶太人有則笑話，談的是智慧與財富的關係。

有個人問拉比說：

「到底智慧與金錢，哪一樣更重要？」

「當然是智慧更重要。」

「既然如此，有智慧的人為何要為富人做事呢？而富人卻不為有智慧的人做事？大家都看到，學者、哲學家老是在討好富人，而富人卻對有智慧的人露出狂態呢？」

「這很簡單。有智慧的人知道金錢的價值，而富人卻不懂得智慧的重要呀！」

拉比是猶太教教士，也是猶太人的人生指導者「教師」，也經常被當成「智者」的同義詞。所以，這則笑話實際上也就是「智者說智」。

拉比的說法不能說沒有道理，知道金錢的價值，才會去為富人做事；而不知道智慧的價值，才會在智者面前露出狂態。

有智慧的人既然知道金錢的價值，為何不能運用自己的智慧去獲得金錢呢？知道金錢的價值，但卻只會靠為富人效力而獲得一點帶「嗟來食」味道的報酬，這樣的智慧又有什麼用，又稱得上什麼智慧呢？

所以，學者、哲學家的智慧或許也可以稱做智慧，但不是真正的智慧，因為他同他知道其價值並甘願為其做奴僕的金錢無緣。在金錢張牙舞爪的狂態面前俯首貼耳的智慧，是不可能比金錢重要的。

相反，富人沒有學者之類的智慧，但他卻能駕馭金錢，卻有聚斂金錢的智慧，卻有通過金錢去役使學者效力的智慧——這才是真正的智慧。

有了這種智慧，沒錢可以變成有錢，沒有「智慧」可以變成有智慧，這樣的智慧不是比金錢，同時也比「智慧」更重要嗎？

不過，這樣一來，金錢又成了智慧的尺度，金錢又變得比智慧更為重要了。其實，兩者並不矛盾：活的錢即是能不斷生利的錢，比死的智慧即不能生錢的智慧重要；但活的智慧即是能夠生錢的智慧，則比死的錢即單純的財富——不能生錢的錢——更重要。

那麼，活的智慧與活的錢相比那一樣重要呢？無論從這則笑話的演繹、還是從猶太人實際經營活動的歸納，我們都只能得出一個答案：

智慧只有融入金錢之中，才是活的智慧，錢只有融入了智慧之後，才是活的錢；活的智慧和活的錢，難分伯仲，因為它們本來就是同一回事，它們同樣都是智慧與錢的圓滿結合。

智慧與金錢的同在與同一，使猶太人成了最有智慧的商人、使猶太生意經成了智慧的生意經：猶太生意經是讓人在做生意的過程中越做越聰明而不是迷失的經典！

2．活的智慧與死的智慧

有一天，卡恩站在百貨公司的前面，目不暇接地看著形形色色的商品。他身旁有一位穿戴很體面的猶太紳士，站在那裡抽著雪茄。卡恩恭恭敬敬地對紳士說：

「您的雪茄很香，好像不便宜吧？」

「二美元一支。」

「好傢伙……您一天抽多少支呀？」

「十支。」

「天哪！您抽多久了？」

「四十年前就抽上了。」

「什麼，您仔細算算，要是不抽煙的話，那些錢就足夠買下這幢百貨公司了。」

「那麼說，您也抽煙了？」

「我才不抽呢！」

「那麼，您買下這幢百貨公司了嗎？」

「沒有啊！」

「告訴您，這一幢百貨公司就是我的！」

卡恩這麼說，也算是個聰明有智慧的人，因為第一，他賬算得很快，一下子就計算出每支二美元每天十支，四十年的雪茄煙錢可以買一幢百貨公司；第二，他很懂勤儉持家由小發大的道理，並身體力行，從來沒有抽過一支二美元的雪茄。然而，誰也不能說卡恩有智慧，因為他沒抽雪茄，沒有浪費錢，不過也沒有百貨公司。

卡恩的智慧是死智慧，紳士的智慧才是活智慧：錢是靠錢生出來的，不是靠苛扣自己攢下來的！

猶太人有白手起家的傳統，至今世界上有名的猶太富豪中有不少人充其量不過二、三代人的歷史。但猶太人沒有靠攢小錢積累資本的傳統。

一方面，猶太人在文化背景上就沒有受到禁慾主義束縛。猶太教在總體上從來沒有這方面的要求，猶太生活也從未分化成宗教與世俗的兩大部分。猶太人在安息日期間有苦修的功課，但功課完畢之後，便是豐盛的宴席。所以，那種形同苦行僧般的不抽雪茄的生活方式，不是猶太人的典型生活方式。

3．賺錢就靠平常心

從猶太人集中於金融行業和投資報酬較快的行業來看，他們本來就把注意力集中在「錢生錢」而不是「人省錢」上面，靠辛辛苦苦攢小錢的人，不可能有猶太人身上常見的那種冒險氣質的。

這兩個因素的結合，使猶太人的經營方式和生活方式形成了鮮明對照。在業務方面，猶太人精打細算到了無以復加的地步，成本能省一分就省一分，價格能高一點就高一點，利潤一定要算稅後利潤，以免白為稅務機關做貢獻。但在生活上，類似於每天吸二美元一支的雪茄十支，並不是什麼罕見的現象。

像英國猶太銀行家莫里斯‧赫希男爵那樣，在莊園裡招待上流社會人物，在歷時兩個禮拜的款待中，美食醇酒不說，光是狩獵遊戲中賓主射殺的獵物就達一萬一千隻。另外，即使節儉到冬天不生火爐的上海猶太人哈同，也捨得以七十萬兩銀元修造上海灘最大的私人花園「愛儷園」，並經常在花園中舉行「豪門宴」。

猶太人的生活方式，令同為當今世界著名的日本商人嘆為觀止。其他不說，光是猶太人不管工作如何忙，對一日三餐從不馬虎，總留出時間，還要吃得像模像樣，而且進餐時忌諱談工作，就讓日本商人感慨萬分，並對自己的人生格言「早睡早起，快吃快拉，得利三分。」大覺羞愧：「僅僅為得三文錢，就必須快吃快拉，這是何等貧窮的表現啊！」

其實，豈止吃飯這點時間不談工作，虔誠的猶太人每週同樣要過那整整二十四小時不談工作甚至不想工作的安息日！因為猶太人是世界上最諳熟「平常心即智慧心」的道理的民族：猶太教靠尊重信徒的自然生理與心理要求，而保持住了他們的虔誠，猶太人也同樣靠「尊重」自身內在的自然要求，而保持住了自己經商時的心理平衡。常言道「利令智昏」，一個在賺錢問題上拿得起放得下的商人，其智力才不會衰竭昏聵。

早期好萊塢巨頭之一、同樣白手起家的路易士・塞爾茲尼克告誡其子大衛（電影《亂世佳人》的製片人），說：「過奢侈的生活！大手大腳地花錢，始終記住不要按你的收入過日子，這樣能使一個人獲得自信！」這已經成為好萊塢的經營原則。

對於一個生意人來說，還有什麼比自信更為重要的呢？它能使你自己發揮原有的能力和才智，能使同伴增加信任，能使對手感到壓力。一個氣定神閒、心平氣和的生意人，才像一個真正成功的生意人。

4．猶太人以精明稱著

猶太人經營以精明出名，有諸多原因，其中有一個極為重要且獨具猶太特性的因素，是猶太人對精明本身的心態。

世界各國各民族中都不乏精明之人，這是毫無疑義的，雖則相互比較起來自然還有個程度的不同，但對精明本身的態度卻大不一樣。中國人不可謂不精明，能精明到發明「大智若愚」的程度，可以說精明已臻於極境。然而，正是從「大智」需要「若愚」可以反窺出在中國人的心態中，精明是一種適宜於在陰暗角落中生存的物種，中國人的典故中多的是「聰明反被聰明誤」的訓誡，共同反映出「精明」在中國文化心態中多多少少有點像個丑角。而猶太人則不同。

猶太人不但極為重視精明，而且是堂堂正正的欣賞、器重、推崇，就像他們對錢的心態一樣。在猶太人的心目中，精明似乎也是一種自在之物，精明可以以「為精明而精明」的形式存在。這當然不是說，精明可以精明得沒有實效，而是指除了實效之外，其他的價值尺度一般難以用來衡量精明，精明不需要低頭垂首地在宗教或道德法庭上受審或聽訓斥。下面這則笑話可以說最為生動而集中地展現了猶太人的這種心態。

美國和蘇聯兩國成功地進行了載人火箭飛行之後，德國、法國和以色列也聯合擬訂了月球旅行計劃。火箭與太空艙都製造就緒，接下來就是挑選太空飛行員了。

工作人員先問德國應徵人員，在什麼待遇下才肯參加太空飛行。

「給我三千美元，我就幹。」德國男子說，「一千美元留著自己用，一千美元給我妻子，還有一千美元用作購房基金。」

接下來又問法國應徵者，他說：「給我四千美元。一千美元歸我自己，一千美元給我妻子，一千美元歸還購房的貸款，還有一千美元給我的情婦。」

以色列的應徵者則說：「五千美元我才幹。一千美元給你，一千美元歸我，其餘的三千美元僱德國人開太空船！」

由這則笑話透露出來的猶太人精明，用不到我們多說了，猶太人不須從事實務工作而只須擺弄數字，而且是金融數字，就可以享有與高風險工作從事者同樣的待遇，這正是猶太人經營風格中最顯著的特色之一。

令人意外的是，這不是其他民族對猶太人出格的精明的一種刻薄諷刺，而是猶太人自己發明的笑話，這裡就大有文章了。

平心而論，猶太人這裡並沒有佔德國人的便宜，德國人仍然可以得到他開價的三千美元，至於是從有關委員會那裡拿到的，還是從猶太人那裡拿到的，這在錢上面並反映不出來。至於猶太人自己的開價，既然允許他們自報，他報得高一些也無可非議，怎麼安排純屬他個人的自由，就像法國人公然把妻子與情婦在經濟上一視同仁一樣。所以，在這則笑話中，猶太飛行員的精明又沒有越出「合法」的界限。

而且說實話，僅就結果而言，任何一國的飛行員要處於這種「白拿一千美元」的位置上，都會感到滿意。但無論在笑話中還是現實生活中，他們都不會提出這樣的要求，甚至連想也不會想到，因為這種「過於直露的精明」在潛意識層次就被否定了：他們會為自己的精明而感到羞愧！

但從這則笑話本身來看，我們絲毫感覺不到猶太人有為自己精明得「過分」而羞愧的意思，只有一種得意，一種因為自己能出如此精明、甚至精明得無法實現的念頭而揚揚得意的心情。至於是否「過於直露」這種考慮，絲毫不能影響他們的精明盤算，更不能影響他們對精明本身的欣賞。他們把精明完全看作一件堂堂正正，甚至值得大肆炫耀的東西！可以說，對精明自身的發展與發達來說，沒有什麼東西比這種坦蕩的態度更為關鍵、更為緊要了。猶太人可以說就是在為自己卓有成效的精明開懷大笑聲中，變得越來越精明的！

猶太民族的笑話大多都是精明的笑話，而現實生活中的猶太人更多的是精明之人，而且還是同樣對精明持這種坦蕩無邪態度的精明之人。

5．不同凡響的「大班」

在十九世紀末二十世紀初，上海有一個大名鼎鼎的猶太富商哈同，他是來上海的猶太人中唯一由赤貧而至豪富的人，他的精明在上海也是婦孺皆知，幾乎成了一種傳說，還被看作猶太人的典型。

哈同全名為雪拉斯・阿隆・哈同，又名歐司・愛・哈同，一八五一年出生於巴格達，一八七二年隻身出走香港謀生，於次年來到上海，其時衣衫襤褸囊中空空。他通過熟人介紹進入老沙遜洋行供職，先做守門人員，後當跑街，很快轉任煙土倉庫管理員和收租員。由於工作勤勉、頭腦靈活，於一八七九年被提拔為大班協力兼管房地產部。一九〇一年，他獨立開辦了哈同洋行，專門從事房地產，事業興旺，最後於一九三一年去世。

哈同做生意時的精明以及他對精明的心態，從他計算地租房租上就可以看出來。哈同出租一般住房和小塊土地的租期都較短，通常三至五年。租期短，既便於在需要時可及時收回，又可以在每次續約時增加租金金額。在哈同的地皮上，哪怕擺個小攤子，也得交租。有個皮匠在哈同所有的弄堂口擺了個皮匠攤子，每月也要付地租五元。哈同每次向他收地租時，總是很和藹地說：「發財、發財。」但錢是一個也不能少。

哈同計算收租的時間單位也與眾不同。當時上海一般房地產業主按陽曆月份收租，而哈同卻以陰曆月份訂約計租。大家知道，陽曆月份一般為三十或三十一天，而陰曆月份為二十九或三十天，陰曆每三年有一個閏月，五年再閏一個月，十九年有七個閏月。所以，按陰曆收租每三年可以多收一個月的租金，每五年則可多收兩個月的租金，而每十九年可多收七個月的租金。

還有，哈同發達之後，曾花了七十萬兩銀元建造了當時上海灘上最大的私家花園，名之為「愛儷園」。為了便於管理園內職工，哈同對職工的職責和等級做了明確的規定，並讓賬房間製作相應的徽章，但即使這樣一個表明工作職責的徽章也要職工自己掏錢購買。每個徽章的製作成本僅僅五個銅板，「零售價」卻要四毛錢！

哈同的這種精明可說是已到了精明的極境，連每個月為二十九天還是三十天都要算計一番。但反過來看，這樣的精明固然需要一定的算計能力，但畢竟又用不了多少聰明，真正需要的恐怕還是一種心態，一種對於精明本身的心態。隨便什麼地方，不但要想方設法的精明，而且一旦有了精明的點子，便理直氣壯地付諸實施，而不顧別人會怎樣想。可以說，當時的同行會採用哈同收小租的辦法，而沒有廣泛採納他按陰曆計租的辦法，既是一個不如哈同精明的表現，更是一個不具備哈同對精明的坦蕩態度的表現：當其他民族的商人為了自己是否會顯得過於精明而猶豫不決甚或將精明的點子擱置一邊時，他們同猶太人的距離就拉開了，他們在同猶太人的交易中處於下風的必然結果也就決定了。

6．猶太人獨特的生意眼光

猶太人有一項極好的心理素質，就是能在不利的環境中，我行我素地做生意，甚至把逆境當做了做生意的最佳機會。

猶太人有這麼一個笑話，很好地說明了這一點。

猶太人有個規矩，安息日不能工作，只能在家虔誠休息，學習典籍。可有個商店的老闆卻照常營業，褻瀆了安息日。一次講道時，拉比對這樣的店主大加撻伐。可是，禮拜結束後，褻瀆安息日最甚的那個老闆，卻送給拉比一大筆錢，拉比非常高興。

到第二週禮拜時，拉比對安息日營業的老闆指責得就不那麼厲害了，因為他指望這樣一來，那個老闆給的錢會更多一些。

誰知，結果一個子兒都沒拿到。

拉比猶豫了好一陣子，鼓足勇氣來到這個老闆家裡，問他到底是怎麼回事。

「事情十分簡單。在你嚴厲譴責我的時候，我的競爭對手都害怕了，所以，安息日只有我一個人開店，生意興隆。而你這次說話一客氣，恐怕下週大家都會在安息日營業了，到時我的營業額，一定會不如預期……」

猶太人以虔誠聞名於世，但在說笑話時，卻老是出格，甚至極為出格，不要說道貌岸然的拉比，就是神本人也常被拉來取笑一番。不過，從這則本意在於調侃拉比的笑話中，也不難發現猶太人的一隻生意眼。

消除一切競爭對手、徹底壟斷市場，這始終是商人的理想環境。說穿了，商人之間的相互競爭，爭來爭去不過爭個不同程度的壟斷。

壟斷可以通過政治手段來實現，也可以通過經濟手段來實現，但對猶太人來說，政治手段是不現實的，因為既成權力與猶太人作對的時間，遠遠多於同猶太人和平相處的時間；至於經濟手段也不現實，因為經濟手段需要提高資本增進設備，改善品質，負擔過重。在猶太人看來，最有利的壟斷局面是別人都囿於種種非理性的成見，或因害怕冒險等而不肯或不敢介入之時。這種時候，市場回報很高，但壟斷局面的維持卻不需要多大的成本。

笑話中的商店老闆追求的就是這種有利條件，他付給拉比的一大筆錢，不過是安息日贏利的一小部分而已。這點費用要比採取其他招來顧客的手法，如廣告、特價、減價等，省時省力省錢多了。

毫無疑問，猶太人的這種生意眼是歷史賦予的，當年猶太人之所以能在幾乎無人競爭的情況下，從事放債和貿易這些獲利豐厚的行業，就因為基督教神父講道時對他們進行了嚴厲的譴責。猶太人沒有義務遵守基督教的教義，而且，只要合法，他們對神學上或道德上的說教歷來不太在意，徑自去賺自己的錢。

可就是這樣一種態度，使猶太人能超脫形形色色的先入之見或刻板模式的束縛，在新興的行業或領域興起時，最快地發現之。

所以，當娛樂行業，如表演業、電影業等還被看作不正經行業時，猶太人已大批進入了這個行業，甚至《聖經・詩篇》中「不坐褻慢人的座位」的告誡，也被置之腦後；在美術界還一味只知道保存美學趣味與價值時，猶太美術商已主宰了紐約第五十七大街上的世界美術市場；同樣，當其他律師，尤其是華爾街上的大法律事務所中的律師，還對人身傷害訴訟嗤之以鼻，把接手這類案子的律師稱之為「追救護車的人」的時候，猶太律師正好把它作為自己賺取成功酬金的領地。

7．猶太人怎樣活用時間？

猶太人非常珍惜時間。人們通常所說的「時間就是金錢」，看似已把時間的地位抬得很高了，但在猶太人看來卻還遠遠不夠。猶太人歷來認為，時間遠不止是金錢，時間就是生活，時間就是生命。錢是可以借用的，而時間是不可以借用的，時間遠比金錢來得寶貴。

正因為對時間有這樣一種認識，猶太人在做生意也好，工作也好，對時間的使用也極為精打細算。在企業裡，猶太人在工作時間裡勤勤懇懇，毫不懈怠，但下班時間一到，哪怕手頭工作接近完成，他們也會毫不遲疑地擱下工作，準時下班。因為多工作哪怕一分鐘，對自己都是一種浪費時間的表現。

所以，猶太人在商務活動中非常注意時間安排。公司每天上班開始的一小時內，是所謂的「發布命令時間」，將昨天下班後至今天上午上班前所接到的一切業務往來的材料或事務處理掉或做出具體安排。在這段時間裡，不允許任何外人的打擾。而外人即使是商業上的聯繫，也必須事先有所約定，「不速之客」在猶太人的商務活動中，幾乎等於「不受歡迎的人」。因為不速之客會打亂原先的時間安排，因而浪費大家的時間。

在猶太人那裡，預約不僅意味著時點的確定，還意味著時段的確定：時間一到，請自動起身，猶太人有把會談時間盡量壓縮的習慣（當然為了爭得一個「合理的價格」，他們也會不計時日地討價還價）。所以，一般見面後，只作簡短寒暄，隨之便進入主題，一般的客套「聯絡感情」，在猶太人那裡都是毫無意義的，除非他覺得同你客套有利可圖。

這些只是猶太人對待時間的一般態度，還沒什麼特別之處，當然這是相對歐美商人而言，或其他東方商人來比較，已經有些不尋常了。其更不尋常的，是在時間能夠直接產生金錢的時候。在這方面，我們前面說過的那位哈同，也極具猶太人的典型性。

哈同洋行出租房屋和地皮時，租戶不但需要提前交租金，還要交納巨額小租。所謂小租就是一次性的起租費，由哈同創設的這種收小租做法，日後成為上海流行的計租方式。比如，一九二七年二月，華新公司向哈同租賃南京東路三九四號店面一間，在合同上規定，在訂立合同之日先交納第一個月的租金為九〇〇兩銀元和六五〇〇兩銀元的小租，然後才能承租，而實際租期則從當年六月開始。這樣，洋行提前四個月得到了七四〇〇兩銀元，可以再用以投資。

哈同非常重視收租金的日期，他要求租戶必須如期交納租金。他專門雇了十多個收租員收租，即便有了專人收租，一旦有租戶沒有如期交租的，他會親自坐了汽車上門催討。甚至到他已經成為擁有百萬英鎊的大富翁之後，如遇這類未如期交租的情況發生，他也會第二天就找上門去。有時，只為區區十幾元錢的租金，他也會穿過小弄堂，走進破舊的老式房子，踩著吱吱作響的狹窄樓梯，敲開房門，親自催討。倘若他來的時候，戶主正好不在，那麼他會在灶披間（即廚房）裡等上幾個鐘頭。舊上海老房子灶披間的雜亂、邋遢和異臭，同他百萬富翁的形象構成了極其醒目的反差。哈同因其如此執著的態度，而被人戲稱為「終身致力於收租」的人。

猶太人在收取別人的租金和貸款時，最好提得越早越好，而在付給別人的貸款時，則想方設法給以拖延，不過以猶太人的重信守約習慣，他們在具體做法上還是有分寸的，可以說，有時還做到了不落把柄的地步。

由初到倫敦時一文不名的窮小子而成為日後南非首富之一的猶太鑽石商巴奈・巴納特，最初是帶著四十箱雪茄煙作為創始資本來到南非的。他把這些雪茄抵押給探礦者，獲得了一些鑽石。從這開始，短短幾年時間裡，巴奈特成了一個富有的鑽石商人和從事礦產資源買賣的經紀人。

巴納特的贏利呈週期性變化，每星期六是他獲利最多的日子，因為這一天銀行較早停止營業，巴納特可以盡他自己的高興用支票購買鑽石，然後在星期一銀行重新開門之前將鑽石售出，以所得款項支付貨款。

這種辦法說穿了，差不多等於開空頭支票。巴納特借銀行停止營業的一天多時間，「暫緩付款」且又不會讓自己的空頭支票給打回來，只要他有能力在每個星期一早上給自己的賬號上存入足夠兌付他星期六所開出的所有支票，那他就永遠沒有開「空頭支票」的嫌疑。所以，巴納特的這種拖延付款，純粹利用了市場運行的時間表，在沒有侵犯任何人的合法權利的前提下，調動了遠比他實際擁有的資金多的資金。

巴納特對時間的精打細算如此別出心裁，甚至讓其他猶太人也感到驚奇，當時南非的猶太人大多對巴納特的做法不甚贊同。不過平心而論，只要巴納特沒有讓賣主在星期一上午收不回貨款，誰也不能對他說什麼，而只能服膺於這個猶太人的「精明」。

8．靈活掌握情報利用情報

事實上，猶太人的消息靈通是世界聞名。據日本人說，猶太人非常喜歡收購國外破產企業，每當日本有讓猶太人看著中意的企業破產之時，遠在美國的猶太人便會第一批獲悉這一消息，而許多日本企業主近在國內，卻是「出口轉內銷」，還得從猶太人那裡獲得有關情報。

在這方面，素有猶太經商之道的代表之美稱的羅斯柴爾德家族，提供了一個最好的實例。

羅斯柴爾德家族遍布西歐各國，這種分布既使這個家族較易於獲得情報信息，也使各種資訊具有了特別重大的價值：在一地已經過時了的消息，在另一地可能仍具有巨大的價值。為此，羅斯柴爾德家族特地組織了一個專為其家族服務的信息快速傳遞網，在交通和通訊尚未像今日這般便利快捷的時代，這個快件傳遞網還著實發揮過一陣子作用。有一次，一個羅斯柴爾德為了獲取信息，甚至親臨火線並當了一回快遞員。

十九世紀初，拿破崙法國和歐洲聯軍正苦苦鏖戰，戰局變化不定、撲朔迷離，誰勝誰負，一時很難判斷。後來，聯軍統帥英國威靈頓將軍在比利時發起了新的攻勢，一開始打得十分糟糕，為此，歐洲證券市場上的英國股票疲軟得很。

這時，倫敦的納坦•羅斯柴爾德為了了解戰局走向，專程渡過英吉利海峽，來到法國打探戰況。當戰事終於發生逆轉，法軍已成敗勢之時，羅斯柴爾德就在滑鐵盧戰地上獲悉確切消息，立即動身，趕在政府急件傳遞員之前幾個小時，回到倫敦。羅斯柴爾德家族靠資訊之便而佔了先手，他們動用了大筆資金，乘英國股票尚未上漲之際，大批吃進。短短幾小時後，隨著政府消息的公布，股價直線上升，轉眼之間，羅斯柴爾德發了一筆大財。

這則軼事屬於金融界的傳說，但人們，包括猶太人自己，也把這種捕捉資訊提前決策的金融技巧歸之於羅斯柴爾德家族，顯然只能看作大家對猶太人在資訊方面的「精明之處」的認可。

如果說，上述事例中羅斯柴爾德家族是靠先於別人獲得信息，而抓住機遇的話，那麼隔了將近一個世紀之後，另一個猶太人則是完全依靠對別人「不起作用」的資訊，而出奇制勝。

美國著名的猶太實業家，同時又被譽為政治家和哲人的伯納德·巴魯克（一八七〇～一九六五）於三十歲之前已經由經營實業而成為百萬富翁。他在一九一六年時被威爾遜總統任命為「國防委員會」顧問，還有「原材料、礦物和金屬管理委員會」主席，以後又擔任「軍火工業委員會主席」。

一九四六年，巴魯克擔任了美國駐聯合國原子能委員會的代表，並提出過一個著名的計劃「巴魯克計劃」，即建立一個國際權威機構，以控制原子能的使用和檢查所有的原子能設施。無論生前死後，巴魯克都受到普遍的尊重。

創業伊始，巴魯克也是頗為不易的。但就是靠他作為猶太人所具有的那種對資訊的敏感，使他一夜之間發了大財。

巴魯克二十八歲那年的七月三日晚上，他正和父母一起待在家裡，忽然，廣播裡傳來消息，西班牙艦隊在聖地亞哥被美國海軍消滅，這意味著美西戰爭即將結束。

這天正好是星期天，第二天是星期一，按照常例，美國的證券交易所在星期一都是關門的，但倫敦的交易所則照常營業。巴魯克立刻意識到，如果他能在黎明前趕到自己的辦公室，那麼就能發一筆大財。

當時是一八九八年，小汽車尚未問世，而火車在夜間又沒開。在這種旁人束手無策的情況下，巴魯克卻急中生智，想出了一個絕妙的主意：他趕到火車站，租了一列專車。在星光下，火車風馳電掣而去，巴魯克終於在黎明前趕到了自己的辦公室，在其他投資者尚未「醒」來之前，做成了幾筆大交易，他成功了。

巴魯克同納坦・羅斯柴爾德不一樣，他利用的並不是「獨家消息」，而是公開的新聞。所以，同其他投資者相比，他在獲得信息的時間上，並不佔先手，但在如何從這一新聞中解析出自己有用的資訊，據此做出決策，並採取相應的行動上，巴魯克確確實實地佔據了先手，巴魯克在不無得意地回憶自己多次使用類似手法都大獲成功時，將這種金融技巧的創制權歸之於羅斯柴爾德家族，但顯然，在對資訊的「理性算計」中，他是青出於藍而勝於藍的。

正因為猶太人重視資訊的蒐集和利用，反過來，他們必然會小心翼翼地保護自己的資訊不被對手獲取。舊上海最大的猶太富商沙遜家族早期主要從事鴉片買賣。當時，上海經營鴉片的外商不止沙遜洋行一家，不少公司先於沙遜投入這一行。但沙遜家族利用其本源在印度這個鴉片產地，在產供銷上佔了優勢，最後成為輸華最大鴉片商。

在這個過程中，沙遜由於同印度孟買和香港通訊往來多而便利，掌握行情及時，佔了不少便宜，人家未跌，他可以先跌，人家未漲，他可以先漲，甚至吃進。所以，他非常重視這條資訊生命線，來往通訊全部使用自行編制的密電碼，確保他蒐集的商情僅為他一家所用。這種做法現在可能已不太稀奇，但在當時卻是獨此一家，讓人大開眼界。

9．投機客的變身

猶太人歷來負有一個投機客的盛名。無論在西方還是東方，在相當長的一段時間裡，「投機」這個詞都不明不白地帶有某種貶低色彩。現在不同了，經濟學家們給「投機」換上了一個恰如其分的雅稱，名之為「風險管理」。這個名稱一改，猶太人也由原來的「投機客」變成了「風險管理者」。

確實，猶太人長時期不是做生意在「管理風險」，就是他們的生存本身也需要有很強的「風險管理」意識。猶太人不能乾坐著等「驅逐令」之類的厄運到來，也不能毫無準備的到時候措手不及。在每次「山雨欲來風滿樓」時，他們都需要準確把握「山雨」

到底會不會來，來了有多大。這種事關生存的大技巧一旦形成，用到生意場上去就游刃有餘了。有不少時候，猶太人確靠準確地投這種「風險」之機而得以發跡。這裡，我們又要談到上海猶太富商哈同，因為他的兩次「風險管理」確實很見水平，也很有效果。

哈同是靠經營「兩土」起家的，這「兩土」一為土地，一為煙土。土地和煙土在舊上海是兩樣利潤豐厚的大宗商品，煙土的利潤正常情況下為30％左右，而上海的土地則利潤更高，從一八六五年到一九三三年，平均上漲二五七〇倍。不過，當時上海外商做這兩宗生意的多的是，而像哈同這樣由一文不名的窮小子而成百萬富翁的，即使在精明的上海猶太人中也僅此一個，這不能不歸之於他的善於投機。

哈同從進入沙遜洋行供職，手頭略有結餘之時起，就放起高利貸來。以後職位高了，薪水也高了，加上高利貸利滾利，手頭資金多了之後便開始涉足房地產。

一八八三年，中法戰爭全面爆發後，法國軍隊分海、陸兩路進攻中國。在這種情況下，上海租界，特別是法國租界內的外國僑民，非常恐慌，紛紛外逃。

老沙遜洋行的老闆，面對這樣一片混亂狀況，也慌了手腳，在外逃與滯留之間猶豫不決，一時不知如何是好。哈同這時已擔任該洋行的地產部主管之職，見此情況便向老闆獻策。

哈同提出，緊張局勢不會持續多長時間，上海的市面很快就會重新繁榮，現在人心不定，地價暴跌，倒反是低價購進地皮的大好機會。所以，他勸老闆大批購買地皮，多造房屋。

老闆將信將疑，但還是接受了哈同的意見，照此辦理。中外商人見老沙遜洋行的這番舉動，也漸漸定下心來。不久，中法戰爭結束，法國殖民勢力進一步滲入中國領土，這不僅使原來遷出租界的人流返了回來，而且浙江、福建等地又有許多人移居上海，進入租界。這樣一來，房地產價格連連猛漲，老沙遜洋行僅這段時間裡的房地產獲利就高達五百多萬兩銀元。而哈同自己也通過這期間低價購進的地產價格猛漲，而一下子成了百萬富翁。

一九〇八年，哈同的鴉片生意也臨到了這樣的一次投機機會。該年一月一日，英國政府同意與清政府的外務部訂立一項試辦禁煙的協約，規定「印度鴉片輸入中國額度，以最近五年（一九〇一～一九〇五）平均額五萬一千箱為準。自光緒三十四年起（一九〇八年），每年遞減十分之一，以十年絕滅。」

同時，清政府在國內厲行禁令，上海道台貼出佈告，要求城裡的煙館，無論大小，在六個月內閉歇。還照會各租界領事，要求協同查禁關閉租界內的煙館。一時間禁煙聲浪迭起，清政府似乎動起真格的了。

在這樣的形勢下，上海的一些鴉片商深恐累及自己其他生意，紛紛拋出鴉片，使鴉片的大盤價格一下子跌了不少。

但這時的哈同卻無視禁令，不僅將自己的一百多箱（約一萬多斤）鴉片壓住不放，還將客戶存放在他銀行中的一百多萬兩銀子全部用來收購低價鴉片。

沒有多久，清政府的禁煙令在列強的干擾下，實際成為了一紙空文，聲勢浩大的禁煙運動有頭無尾，不了了之。原先紛紛打烊的煙館，又像雨後蘑菇一樣到處出現，而這時市場上的鴉片奇缺，急不可耐的煙民紛紛湧進租界來過一過癮。租界內的鴉片需要量急遽增加，價格隨行就市，一路瘋漲，最行俏的印度煙土的價格幾乎同黃金相等。

僅僅這一次，哈同在煙土上就取得了幾百萬兩銀子的暴利。

哈同的這兩次投機，主要靠的是他靈敏的政治嗅覺。他知道在當時國際政治格局下，清政府不可能真有多大的作為，所以才敢在別人看來不好的形勢下，他仍然堅持看好，並乘機低價購進，結果他成功了。

除此之外，也許同猶太人經商時的積極樂觀態度也有很大的關係。猶太民族歷經劫難，但在看待事物的發展趨勢時，卻常抱樂觀的態度，並採取相應的行動。而事實是，無論經商還是做什麼，樂觀者總要多點機會，投中的次數也更多一些。

10．生意就是生意

猶太人善於投機或者說敢於投機，這同他們對錢的態度有很大的關係。在生意場上，猶太人眼裡看到的，只有商品，而商品只有一個屬性，那就是能生錢，除此之外，其他人為附加的屬性，在作為商品的物品上，都是不存在的，猶太人沒有讓商品具有過多的象徵意義的習慣。

正由於這一點，猶太人做生意時經營範圍可以大大超出一般商人的範圍。比如一般企業家對自己創立的公司都有一種特殊的情感，終身廝守，而子女繼承之後，帶上了一層家族榮耀的崇拜色彩。但對猶太人來說，出售自己的公司如家常便飯，只要能賺錢就行。因為在他們看來，創立公司本身就為賺錢，現在趁公司正在賺錢之際，把它賣了賺更大的錢，是完全順理成章的。

同樣的道理，猶太人在投機時，對於所借助的東西，也從不抱有什麼神聖感。只要有利於賺錢，且不違反法律，拿來用了就是，完全不必考慮過多。因此，猶太人可以在別人看起來無可藉助的條件下，也順順利利地投機成功。

大家知道，鑽石從開採到磨製到貿易到零售，差不多都控制在猶太人手中，而仿鑽石飾品生產並非一個猶太人集中的行業，可奧地利的施華洛世奇公司的銷售權卻完全掌握在一個猶太人羅恩斯坦手中，還得向他支付10％的銷售酬金。這一格局是羅恩斯坦在施華洛世奇家族危難之際，投機促成的。

施華洛世奇家族是奧地利的一個世家望族，世世代代從事仿鑽石飾品的生產。第二次世界大戰結束，奧地利被盟軍佔領，施華洛世奇公司差點被法軍當局沒收，理由是在大戰中，該公司曾接受納粹德國的訂單，為德軍生產了望遠鏡等軍用物資。

羅恩斯坦當時是個美國人，正在奧地利，得知此事後，立即前去同施華洛世奇家族談判。羅恩斯坦主動提出，他可以去同法軍交涉，設法不使公司被法軍沒收；但條件是，如果交涉成功，施華洛世奇家族必須將公司的銷售權讓與他，且在他有生之年，他可以從銷售總額中提取10％做報酬。

羅恩斯坦的條件無疑是十分苛刻的，但他所能提供的幫助，卻也是十分有價值的。施華洛世奇家族權衡下來，別無他法，只好接受了這一條件。

羅恩斯坦這裡談判一結束，訂好協定，馬上又去法軍司令部，向法軍指揮官鄭重中述：「我是美國人羅恩斯坦，從即日起，施華洛世奇公司已成為我的公司，因而，該公司現在屬於美國的財產，所以我拒絕法軍的沒收。」

法軍一聽施華洛世奇公司已經成了美國人的公司，頓時啞口無言，只好同意羅恩斯坦的要求，放棄沒收的打算。

此後，羅恩斯坦不費分文地設立了施華洛世奇公司的銷售代理公司，這家代理公司就其實質而言，不過就是開發票而已，以便確保10%的銷售額能成為羅恩斯坦的利潤。

對羅恩斯坦的做法，一般人都會斥之為乘人之危。但反過來想一想，無論當時施華洛世奇家族的勉強同意還是一直到今日仍未中斷支付的10%銷售額，都說明接受這一「要挾」對該家族畢竟還是有利的，而且，羅恩斯坦的做法也沒有明顯違反有關法律的地方，否則，施華洛世奇家族不會毫無反抗地忍受到現在。

令一般人難以忍受的是，羅恩斯坦竟以「國籍」作為資本來進行交換。但其實只要做法本身不違反法律，也就不會「玷污」國籍的「神聖性」。更何況，國籍的「神聖性」本身，對於羅恩斯坦來說也是不存在的。

猶太人流動於各個國家首先是尋找適合自己生存的條件，所以，在國籍有用的時候，不妨利用之，在國籍會帶來不利時，則完全可以捨棄之。

事實是，開辦公司後，為了減少納稅金額，羅恩斯坦又將美國國籍改為列支敦士登籍。列支敦士登公國是歐洲的一個小國，全國人口只有一萬五千人。但全世界要想獲得其國籍的人卻難以計數，因為這個小國家有一個絕妙的地方。列支敦士登出售國籍，定價二十五萬美元。入籍者無論收入多少，每年只須繳納二百五十美元的稅金。貧富一視同仁，而且絕不另行徵稅。羅恩斯坦買了列支敦士登的國籍，目的就在這裡。

所以，從純粹經營的角度來看，所謂「乘人之危」的道德考慮和「國籍神聖」的觀念，對投機者來說，都是種種多餘的束縛。而猶太人何以趕在別人之前「乘人之危」和買到列支敦士登國籍等等，就在於他們少了許多束縛而多了不少借助。

11．一魚多吃的經營之道

理性算計，說到底是一個合理追求效率或者投入產出比的問題。千算萬算合理不合理，就看同樣的投入能有多大的報酬率。在這方面，精明的猶太人不僅僅追求一個高報酬率，更追求一次投入或一項投入可以有多次或多項的報酬率，從而大大提高了單位投入的報酬率。這樣的籌劃在現實猶太人的經營活動中，可以找到不少實例。在這裡，我們還是從猶太人自己的一則笑話著手，看看猶太人的手筆。

摩西是美國一個小鎮上的服裝店老闆。有一天，一群小孩子集合在他的店鋪前，一邊玩耍，一邊罵著：「猶太鬼……猶太鬼……」

到傍晚小店關門前，摩西給每個小孩二毛五分錢，還謝謝他們。

第二天，又來了一群孩子，一邊玩，一邊罵「猶太鬼」。

到傍晚，摩西又給每個孩子一毛五分錢，同樣謝謝他們。

第三天，孩子們又來吵鬧，連聲咒罵「猶太鬼」。

到傍晚，摩西只給了他們每人一毛錢。小孩們顯出不滿足的神色，但還是收下了。

第四天，這群小孩又來吵鬧了。但到傍晚時，摩西卻把雙手一攤，表示不再給錢了。孩子不明白怎麼回事，便問道：「大叔，您為何不給我們錢了？」

摩西回答說：

「很感謝你們為我宣傳，如今效果已經達到了。」

「如今效果已經達到了」，究竟達到了什麼效果？

在我看來，至少有兩項效果。

其一、是幫助小服裝店做廣告的效果。在美國，服裝業是猶太人的行業，在近年東方服裝大舉進入美國之前，男裝的85%、女裝的95%是在猶太人的服裝廠中生產的。這種格局的形成，說明猶太人設計製造的服裝是為美國人所歡迎的，服裝是可以以「猶太人生產的」為號召的，就像中國做西裝的，歷來推崇寧波一帶的「奉幫」。所以，孩子們「反猶主義示威」鬧得越兇，「猶太服裝店」的名聲也傳得越遠。

其二、是幫助孩子們扭轉了反猶主義的態度。小孩們最初前來吵鬧咒罵猶太人是出於某種他們自己也不知就裡的反猶太偏見，這種偏見顯然是社會污染的結果，但僅就這些孩子的行為來說，則多少是自發性的。對孩子們的自發行為，用硬的是不行的，無論是對罵還是恐嚇，只會激發他們更大的興趣；而要是訴諸武力，則有可能釀成真的反猶太主義暴亂。而現在，由於不罵不打反而給錢，已於不知不覺中將他們自發的反猶太胡鬧轉變為爭取猶太人的賞金的打工，而打工則必定隨著報酬的遞減積極性也遞減的。所以，到孩子們稱「猶太鬼」為「大叔」時，他們已經全然忘記了自己來此胡鬧的遊戲性質，而認同於「打工仔」的身分：「不給錢，我們不幹了！」對付這種不可理喻的反猶太主義，還有更好的效果嗎？

猶太人在對付諸如此類的「政治事件」時，通過巧妙調度，能夠取得一石兩鳥的效果，在做生意時，更能得心應手了。

著名的美國猶太銀行萊曼兄弟公司，是一家已有將近一百五十年歷史的老字號，在七〇年代末期，一年利潤可達三五〇〇萬美元，而其祖上只是一個牛販子。

在一八四四年，德國維爾茨堡的一個牛販子的兒子，亨利・萊曼移民到了美國，這是該家族來美國的第一代。他在南方做了一段時間長途販運的行商之後，亨利・萊曼就同隨後移居來美國的兩個弟弟，伊曼紐爾和邁耶一起在阿拉巴馬州定居下來，當上了雜貨商。

該地本是一個產棉區，農民手裡多的是棉花，但常缺現錢，所以寧可用棉花來交換日用雜貨。萊曼兄弟與其他雜貨商不同，他們對這種交易方式特別感興趣，積極鼓勵農民以棉花代貨幣，恢復古老的「物物交換」習俗。

這種做法，粗看上去似乎與猶太人「現金第一」的經營原則不符，但萊曼兄弟肚子裡的一本賬卻算得很清楚：以棉花相交換的買賣方式，不僅有利於吸引那些一時沒有現錢的顧客，擴大銷售；而且在以物易物並處於主動地位的情況下，有利於操縱棉花的交易價格；還有，經營日用雜貨本來需要進貨運輸，現在乘空車進貨之際，順便把棉花捎去，豈不等於省下了一筆運輸費？這種經營方式用萊曼家族自己的話來表述，叫做「一筆生意，兩頭贏利」，是他們歷久不變的經商之道。

這就樣，沒有多久，萊曼兄弟便由雜貨商而成了經營大宗棉花交易的商人，棉花買賣是他們的主要業務，並於一八八七年在紐約證券交易所中取得了一個席位，成為一個「果菜類農產品、棉花、油料代辦商」，由此走上了大規模發展的道路。

這裡介紹的萊曼兄弟公司的精打細算還是粗線條的，我們再回頭來看看舊上海兩個猶太人的謀劃：

沙遜和哈同兩家洋行都做地產生意，在出租土地時，都採用這樣一種方式：他們把土地租給別人造新屋，不但收地租，還規定租地者造新房的圖樣、造價、材料、規格，經過一定的年限，便將土地連同房屋一起無償收回。用這種辦法，他們可以保持土地自然增值的利益，把房產經營的風險轉嫁給租地造房者，若干年後還能得到增值的房屋。對於這種經營方式，哈同本人稱之為「重本務實」、「腳踏實地」。

一九一三年，哈同將南京東路五畝多土地租給新新公司建造房屋。合同規定以「三十二年」為期，期滿即歸哈同，而且還規定房屋造價不得低於五十萬兩銀元，哈同先取十萬兩銀元的保證金，待房屋造好，經他驗收通過後，方才歸還保證金。其他如永安公司大樓、威海衛路林頓住房十八幢、四川中路謙泰銀行租造市房四幢、四川中路四二三弄住房二十幢，均屬此類性質。

沙遜集團一九一七年起有一百四十餘畝土地租給別人造房，租約到期後就收回，有時租約未滿期乘別人有困難，付一筆補貼費就提前收回產業。到一九四一年，先後收回裡弄住宅和市房七百五十三幢、倉庫十一座、公寓大樓三座，房屋面積達一三八三三八平方米。這批房屋共收地租七百二十五萬兩銀元，每年還可收房租約九十萬兩銀元。

以這樣的盤算，結果當然遠不止「兩頭贏利」了。

12．敢冒險碰運氣

猶太人喜歡冒險，還常常成功。成功有的來自於冒險的遠見和策劃，有的則純粹來自運氣。還確有一家猶太人經營的服裝公司——「李維·史特勞斯公司」，靠運氣促成服裝的一場革命——牛仔褲的風行。

「李維·史特勞斯」這個名字已經進入英國辭典，公司產品在國際上日益流行，因此公司怎麼個緣起，也幾乎成了神話般的傳說。

公司的創始人李維·史特勞斯本來並不是個服裝商，雖然服裝行業歷來是猶太人佔支配地位的行業，一度美國男裝的85％、女裝的95％，都是由猶太人的服裝廠生產的。

李維・史特勞斯是個十九世紀五〇年代的人，當時，美國加利福尼亞一帶曾出現過一次淘金熱。年輕的李維・史特勞斯也去了加利福尼亞，但為時已晚，從沙裡淘金已到了尾聲，但他卻從「斜紋布裡淘出了黃金」。

李維・史特勞斯去的時候，隨身帶了一大卷斜紋布，想賣給製造帳篷的商人，賺點錢做資本。到了那裡才發現，人們不需要帳篷，卻需要堅牢耐穿的褲子，整天同泥和水打交道，褲子壞得特別快。於是，從這卷斜紋布裡就誕生了李維・史特勞斯的第一條牛仔褲。十年以後，他又在褲子的口袋旁裝上銅鈕扣，以增強口袋的牢度。此後，李維・史特勞斯開始大批量生產這種新穎的褲子，銷路極好，引得數以百計的其他服裝商競相仿效，但李維・史特勞斯的企業一直獨占鰲頭，每年約售出一百萬條這種褲子，營業額達五千萬美元。

老李維・史特勞斯是個單身漢，在一九〇二年，即他七十二歲那年去世，他的「李維・史特勞斯公司」自此就由他唯一的妹妹的四個孩子接管。一直到一九七一年才成為公營公司，仍舊由他們的後代經營。

四個外甥接下舅舅的公司之後，經營得不錯，公司不斷發展，業務範圍也隨之擴大，開始經營呢絨、襪子、毛巾、被裡、床單和內衣。到第二次世界大戰結束，這些商品的營業額已將近總營業額的一半。一九四六年，老李維．史特勞斯的曾外孫瓦爾特．哈斯．耶爾決定出清其他一切庫存物品，不管合算不合算，把李維．史特勞斯公司的全部資金用於生產牛仔布料，這種由十股三號棉紗織成的布料，已獲得專利，專門為李維．史特勞斯公司生產。

哈斯既不是一個理想主義家，有意識地想改變公眾的趣味或穿著習慣，也未曾預見到這個決定會引發一場社會革命。他只是做出了一項經營決策，更準確地說，他只是想「博」一下，輸贏在此一舉，看新布料能否取勝。運氣臨門，他贏了，而且極為成功。用新布料生產的牛仔褲特別有助於顯示人的體形，充滿青春氣息，出來後大受歡迎，度過五〇年代，進入六〇年代後，更大行其道。

一則因為六〇年代正值二次大戰結束後出生的嬰兒潮長大踏入社會了。這一代素稱「嬰兒炸彈」，即人口出生高峰期，一時間給整個美國社會帶入了一股青春文化的氣息，他們也成了消費市場的主力，洋溢著青春氣息的牛仔褲自然極有市場。二則六〇年代正好是個反叛的時代，傳統規範和價值觀念受到懷疑、抨擊和唾棄，而牛仔褲以其不拘形式這一最明顯的特點，成了最能體現時代潮流的服裝。

第一個原因使牛仔褲成了青年一代的制服，也成了一切想混跡於年輕人中的人所熱中的服裝。而第二個原因則使一切不想讓自己顯得保守古板的人穿上牛仔褲，終至被一位總統穿進白宮去。

這場服裝革命帶來的直接後果是，它從不同方向使服裝不再能顯示穿著者的身分。如果說，原先批量生產的服裝使一個公司的推銷員穿得像總經理一樣，則牛仔褲卻使總經理穿得像推銷員一樣，而且牛仔褲不分性別，男人女人穿得完全一樣。牛仔褲也沒有新舊之分，甚至舊的更好。這本來是因為布料容易舊，但公眾過於喜愛牛仔褲把它的缺點一起喜愛上了。服裝史上第一次出現了「生產舊褲子，甚至破褲子」的工廠，那經過磨損、褪色和打過補丁的牛仔褲，一副破相，卻更好銷，價格也更高。

李維・史特勞斯公司一炮打響，雖然多少靠的是運氣，但如果沒有高度的冒險精神，也不可能孤注一擲地把全部資金押在新型布料這一寶上。服裝行業本身是個風險行業，除了那些生產傳統服裝的老牌企業之外，凡生產時裝的，每年春秋兩季就是兩次大冒險。注下對了，抓住了時尚，就發財；注下錯了，掉外面去了，就破產，「過時」的時裝連削價銷售都困難。

就此而論，瓦爾特・哈斯・耶爾的這一冒險之舉，只不過將服裝行業的一般冒險行為加以擴大而已。難能可貴的是他的這一冒險竟抓住了一個延續半個世紀還方興未艾的大時尚，如果從老李維・史特勞斯的第一條牛仔褲算起，則已經一個世紀還多了。在一個批量生產的時代能找到一個能為如此長的時間、如此大的範圍（全世界的人幾乎都穿牛仔褲）、年齡差異如此之大的消費者所接受、所喜愛的商品，確實可以說是一個最大的奇蹟。

13・奇怪的是，猶太人也有窮人

猶太人一直如此忙於追逐「成功」，使得這樣一種先入之見幾近於一種宗教癖性——或者說，看上去如此。猶太人有錢這種一般感覺在人們頭腦中如此根深柢固，以至只是在最近人們才開始意識到，感覺到的東西與現實之間還存在著不小的差距。一孔之見使人們把眼睛只盯在猶太人的富裕之上，而看不到其他狀況。

所以，發現猶太人同樣屬於美國社會中最不富裕的群體，給人們帶來了相當大的震撼。人們頭腦中出現的種種赤貧形象，如阿巴拉契亞山脈的村民、保留地裡的印地安人、西南部的墨西哥非法移民、瓦茨的黑人少年和「布羅克斯的狩獵點」的波多黎各人等，都是同猶太人不沾邊的或者毫無相似之處的。

人們只能想像出歷史上的猶太窮人——一幅在世紀交替時期攝下的褐黑的銀版照片上，有從俄國猶太人居住區來的蜷縮著被凍死的移民。但今天出現在人們眼簾前的是，鋪張的三日城郊俱樂部的猶太教堅信禮儀式；為了擺闊氣而裝飾豪華的市郊別墅；炫耀性的以色列特拉維夫之遊，或者每年向佛羅里達的遷徙，這些形象蜂擁而入，擠走了那些令人倒胃口的早先的貧困景象。

今天的猶太窮人是很不起眼的，的確，在很長的一段時間裡他都是一個隱身人，一個被子女、被猶太人既成體制和整個社會遺忘的人。

在五千萬個美國猶太人中，約有六十萬人生活在貧困中或貧困線以下。貧困，當然既是一種經濟和文化現象，也是一種個人的自我感覺。許多人一文不名卻不是窮人，而別的許許多多的人盡管有著淨資產和低限補償，卻覺得自己既貧且窮。

所以說，貧困在很大程度上是心靈的一種狀態，就如同它是消費品價格指數的波動一樣。在聯邦政府的那些單調乏味的官樣文章中，近來出現了一種句法變化，「窮人」這個用起來恰到好處的詞，被換成「無資源者」，這真是一項使人糊塗的發明，但它並不能改變形象或者現實。

在官方的意義上，貧困是根據一個家庭的食品費用來決定的。既然根據假設，一個家庭的三分之一收入花在食物上，那麼政府將一份食品開支的經濟預算乘上三或者四，就確定了基本貧困線。一九八一年，一個非農業的四口之家如果收入不足八四五〇美元，就被認為處於貧困線以下，單身者收入不足四三一〇美元的，也被認為處於貧困線以下。

窮人總是同我們在一起，或者說《聖經》上的戒律就是這樣警告的。但在前一、二十年中，美國在改變窮人的命運方面已取得了重大進展。一九五九年全國有22%的人被認為是窮人。以後甘迺迪、詹森的「向貧困開戰」和種種社會福利改革，為把這五分之一的人托出水面做了巨大的努力。通過「社會保障」、失業保險、食品券、醫療照顧、醫療補助、公共住宅以及其他許多地方上的計劃，津貼和收入發生了不同尋常的轉移，這筆錢成功地把占總人口整整10%的窮人的生活提高到了貧困線以上。自七〇年代初以來，這個數字一直相對穩定：全國只有12%的人被認為是窮人。

然而，這並不意味著美國出現了一次巨大的財富再分配。相反，近來的所有評估表明，自第二次世界大戰以來，在這個國家裡，經濟和社會地位相對來說一直是固定不變的。不過，它也的確意味著現在輸給這個國家中最貧窮的那部分人的錢比之以往更多了。在上一個十年中出現了一個轉移撥款的爆炸，一九六六年聯邦的轉移撥款（社會福利撥款）相當於三七〇億美元，而一九七八年超過了二四〇〇億美元——為美國國民生產總值的十分之一。然而，反對貧困的戰爭和轉移撥款的增加對猶太窮人來說，效果不大。

相對而論，猶太人窮到什麼程度？考察貧困可以有不同的方式。在全國範圍內，稍高於13％的猶太人家庭處於貧困線以下。這同全國家庭中貧困家庭的比例大致相等。但是考慮到猶太人的平均收入大大高出全國平均值，上述情況就令人吃驚了。換一種方式來說，也就是猶太人中有許多窮人——大於人們根據猶太人集體收入的高水平所得出的期望值。

同其他族類群體相比，猶太人也更窮。一九六九年人口普查局的，一份有關族類血統的報告指出，愛爾蘭人、蘇格蘭人、德國人、意大利人、波蘭人和俄國人這些群體中處於貧困的人口比例低於猶太人。只有講西班牙語的各族類群體的窮人比例比猶太人高。這是一種奇特的反常現象：猶太人在美國社會中既是最富的群體，同時又差不多是最窮的群體。

對猶太人和其他族類所作的這種比較，只具有部分的有效性在嚴格意義上，猶太人不是一個在民族社區中發現的族類群體，而是一個宗教實體。不過這種比較的確可以作為收入成就的廣義尺度。有關族類血統的這份報告出自人口普查局所作的唯一的一次此類調查。他們發現在隨後的採訪中出現了太多的前後不一之處。有的人第一次說自己是某個族類群體，而在以後的採訪中又改變了自己的族類血統。所以它充其量也只是不完全正確的信息，但從大量的、全國的規模來著，它確實使人對經濟成就有了一個一般的概念。

14．雖然窮，卻不願意領救濟金

衡量猶太人貧困的另一種方式是考察紐約市，這裡有著世界上最多的猶太人口。紐約的猶太人構成全市人口的18%。在一百二十萬個紐約猶太人中，15%或一八·四二萬個猶太人是窮人或瀕臨貧困的人，而另有5%的人其收入處於貧困和勞動統計局規定的低收入水平之間：在這個城市中，總數為二四·五六萬的猶太人，或者說五分之一的猶太人是潛在的福利救濟對象。

儘管屬於福利救濟的對象，但猶太窮人中排隊領取救濟的人相對來說卻很少。「向貧困開戰」運動即使在其鼎盛的六〇年代，也不是為了改善猶太人的條件，而是為了幫助黑人、西班牙人、印地安人和愛斯基摩人。

事實上，在聯邦扶助少數族類的各種計劃中，對少數族類的通常界定都是指印地安人、非洲黑人、亞洲人、講西班牙語的南美洲人，或者由州機關指定的講其他外國語言的少數族類。計劃制定者、政治家、官員和社會工作者乾脆假定，猶太人根據事實本身就不是窮人。

在紐約市，市長設立了一個「反對貧困委員會」以分配政府的有關資金。該委員會指定了接受這些資金和實施專門計劃的貧困區域，在這中間它所採用的標準基本上有三條：接受福利救濟的人數、醫院中活產嬰兒數和青少年犯罪率。

按照這三條標準，猶太人的貧困是不明顯的。因為許多猶太窮人是老年人，其中半數是獨自生活的，他們的青少年犯罪率和出生率，基本上按照定義就是絕對低的。這真是一條名符其實的「第二十二條軍規」。而且接受福利救濟的猶太人人數也很少，因為他們傳統上就不願意接受救濟；在猶太人看來，接受社會救濟等於承認自己失敗和無能，是恥辱之源。

道德上的正直是猶太人最強的價值觀念之一，它已證明是一柄具有破壞性的雙刃劍。猶太人覺得接受州機關的救濟金等於使某種形式的詐騙永久化；而且，救濟金等於濟貧、即那些在三〇年代重大的社會保障立法之前作為福利救濟的嗟來之食。

何況這個祖傳的包袱中還加進了美國社會的那種追求自足的信條：一個真正的公民除非處於最為悲慘的境地，不會接受公眾的施捨。這種假定的貧困的污名，是對他們尊嚴的當眾侮辱。最後，美國的社會救濟體制按其最初設想就規定，救濟對象必須已接近赤貧，這就是說，一個人只有跌到社會等級的最底層，才會受到救濟。

這樣，從許多角度來看，猶太人都不會來分享政府的解貧計劃。諸如自己已經以納稅、支付保險費和社會保障費用的形式為這些計劃出過力的想法，以及認為自己「已經付清了自己應得的一份」的想法，都不能改變他們的敏感。

舉例來說，洛杉磯的某個區有八千個猶太人接受社會救濟，但同時還有一萬個猶太人雖然符合規定但沒有去領取補助。

猶太人之所以在許多社會福利計劃中隱而不見，還有一些非常實際的原因。社區解貧自治機關一開始就是在猶太教的安息日舉行選舉的，這有效地剝奪了猶太人的選舉權利。這種做法以後雖然得到了糾正，但猶太人在此類機構中仍然沒有獲得合理的代表。

在紐約市的某些區域，猶太人受到其他少數族類的威脅，從而被迫放棄分享有關計劃和項目。猶太人「被看做是入侵者，他們想『硬擠上』解貧計劃這班列車上」。

15・不願意承認貧窮的猶太人

在許多內城區，貧窮的猶太人構成了一個少數族類中的少數族群。主導的少數族類，不管是黑人、波多黎各人、還是中歐族類，總是把所有猶太人都看作財主，以為每個猶太人私下都有一大筆款子或一塊地產。現實當然不是這麼一回事，許多猶太人的境遇，比基本數字所能表明的還要淒慘。

美國社會中嚴格的宗教信仰給人強加了某些負擔，而文化癖性和共同體樣式則強加給人另外一些負擔。對正統的猶太人，尤其是哈西德派的共同體成員來說，遵循猶太教的食品律法肯定會增加他們的食品費用，並使他們個人消費品價格指數上漲幾個點。合格的猶太教食品的價格要比超級市場上的標準食品的價格高5%到10%，這可能是毫不誇張的。

而且，真正正統的共同體不相信控制生育或限制家庭人口。在威廉斯堡這個紐約的哈西德派之家，平均每個猶太人家庭有六個以上的孩子，相比之下，全國猶太人家庭平均有二個孩子。這些共同體的人口每十年翻一番。這些猶太人好像覺得撫養這些額外的孩子還不夠拖累似的，他們對世俗教育沒有多少信心，而喜歡把孩子送進教區或宗教學校學習，卻不去利用免費的公立學校。

正統的宗教共同體還喜歡生活在一起，密密層層地居住在拉比和猶太教會堂周圍，通過交稅來供養自己的精神領袖。此外，對貧窮的猶太人來說還有種種其他開支，特別是同一個老齡化的人口相伴隨的醫療和保健開支。這種費用一般來說意義還不是很大，但加在一起，確實使貧窮的猶太人背上了比其他處於貧困之中的少數族類群體更沉重的負擔，因為這些群體比較年輕，也比較健康。

那麼對猶太人來說，轉移撥款的劇增又意味著什麼呢？他們有沒有分享當局發放的這筆財富？他們還能重新擠上這班「實惠車」嗎？由於種種原因，對前景的預測都不怎樣光明。首先，猶太人在上「車」時行動緩慢。造成這種拖延和忽視的責任只能完完全全地落在猶太權力機構頭上：在七〇年代之前，它們的利益和關心在別的方面——的確，什麼方面都有，就是它們自己的窮選民那裡沒有它們的利益和關心的東西。

猶太人有幸——或者說因之而遭殃，全看一個人的觀點是什麼——獲得了一種全球性的感情轉移，一種對道德的世界主義觀點，它使猶太人走上了為無數的事業而奮鬥的最前線；其中有些事業同猶太人的利益有關，有些則毫無關係。從爭取黑人公民權利的運動到保護生態的運動，從用戶第一主義到贊同人工流產和婦女解放，猶太人的領袖和組織都投入了戰鬥。偶爾，在交戰雙方的營壘中都可以找到猶太人——自由主義的猶太人贊成使人工流產合法化，而正統的猶太人則加以反對。猶太人對道德和社會正義的過分熱心常使他們走得太遠了。

在不久之前，猶太人的貧困還不成其為一個「議題」：猶太機構以為這樣一種貧困或者說根本不存在，或者說即使存在，其規模也是微不足道的，不必予以很大的重視。美國猶太人委員會承認，「猶太人共同體不承認這種現象同自己的人民有什麼相干」。

隨著猶太人對貧困的認識越來越清醒，猶太機構發覺自己缺乏人口統計數據。多年來，猶太權力機構採取了強硬立場，反對作為十年一次的全國大普查組成部分的宗教人口普查。他們的想法是這樣的，這種調查潛在著有害的性質，它容易引起誤解，還可能導致衝突。

一位觀察者曾注意到猶太人自己把自己逼入的那種奇特的困境：「我們身上有著一個自我意識強烈的群體的悖謬之處，這個群體既被稱之為具有過多地反省自身的癖好，而同時卻又對進行系統的自我審視表現出極大的猶豫。」

這種境況從另一種意義上來說也是悖謬的。為了同歧視和偏見作鬥爭，為爭取消在大學入學、招工面試、就業申請，或其他任何可能出現宗教歧視的場合中提問有關宗教信仰的問題，猶太人採取了一致行動。按照這條思路，如果得不到這類信息，人們要採取反猶主義態度無疑會難上加難。以後他們才認識到缺乏這種信息也有礙於貫徹執行開明的政策：事實上，這樣就不可能知道少數族類在大公司、政府機關或專業性學校裡受到怎樣的待遇。在下一個階段，社會智慧要求反其道而行之：為了保證同等的機會，必須對少數族類的受雇情況予以監督。有關宗教信仰的提問又被重新起用。進步的猶太政策要求猶太人支持「肯定行動」。

這種態度的轉變同社會哲學上的改變並行不悖。前幾代人對美國是個「大熔爐」這一概念懷有敬意：美國精神的實質就是把差異融合起來。這種融化奶酪似的民主是否存在過，是大可懷疑的，但這種想法卻的確存在：公開宗教歸屬的數據會給「異質公民身分享有平等權利這一基本民主哲學帶來消極後果，並強化對宗教群體間和族類群體間差異的意識」。

通向風平浪靜的美國化的道路，簡單地說，就是抹煞差異；而通向社會不和的道路則是突出多樣性。這張乏味的菜單要是真得到人們完全贊同的話，那肯定會開出一桌極為單調的燉燜蒸煮的席面來。幸運的是，多樣性和族類性不僅已變得時髦，而且越來越被視為政治實體的力量。

雖然猶太窮人的苦境仍在惡化，但猶太防衛機構卻在忙於其他的事情。它們所著手的問題並不是無足輕重的，但就其性質而論，或許更為中層階級所關心：肯定行動、市郊一體化、族類關係、對猶太經理的歧視性做法、少年犯的懲處、基督教與猶太教的互動、猶太文化、蘇聯猶太人，以及以色列問題。

諸如此類的興趣愛好本身盡可以很有價值，但同人數越來越多的貧窮猶太人的麵包和黃油之類的生活條件並沒有關係。而且，這些窮人不但仍然廢而不觀，甚至連聲音都沒有……

第2章

猶太人的經營謀略學

1．巧妙的暗示不代表承諾

商務工作並不單純是顧客與商品，或人與物之間的單向溝通，一味依恃自己商品在技術上、功能上、品質上的優勢，形同木偶似的讓顧客自發地對商品發生興趣，這樣的人與其說像一個商人，毋寧說像一個演出者，一個在製造產品上傾注了過多心智與情感的手藝人。

所以，猶太人非常清楚，在推銷商品的過程中，商人應該成為所推銷商品的人格化，商人應代表商品而主動地引導顧客與商品之間「雙向溝通」。這種由商人的推銷活動而引發顧客對該商品的注意或好感，本身是一種策動人心的過程。不過，這還是其最淺顯的一層含意。

從更深一層來看，真正的策動人心絕不僅止於對顧客的需要與某一商品的滿足這一需要的能力加以溝通，更包括將顧客的需要與沒有能力滿足或不能完全滿足這一需要的商品加以溝通。這種聽上去似乎不符合商業道德的做法，實質上是商業活動的內在要求之一。

純粹意義上的商人是生產者與消費者的中間人，僅此而已，他既沒有義務做生產者的代表，也沒有義務做消費者的代表，他之所以暫時地佔有某商品，僅僅在於他可以由出售這些商品而獲利。過多地考慮商品對消費者實際需要的滿足，固然不失為一個道德商人的所為，但也不像個聰明商人的所為，因為他過多地承擔了本應由生產者承擔的義務。商人的本分，僅在於暫時地甚至可以說，形式上的短暫仲介，至於以後發生的事情，則與商人無關。

經商與詐騙的真正區別，不在於是否存在「誤導式仲介」，而在於這種「仲介」是否包含與實際不符的允諾。如果沒有允諾，或者沒有實際允諾只有存在於消費者想像中的允諾，那麼這種策動人心的做法，即使不符合於一般的道德，但也不違反商業交易的法律。而大家都知道，現代商業是法制下的商業，而不是倫理下的商業。這是一種不欺騙的欺騙，欺騙的不欺騙，是道德管不了、法律也管不上的謀略。

正因為如此，自古至今，「策動人心」歷來是商家必用的良策，猶太人作為諳熟人類心理的民族（精神分析學的創立者佛洛伊德就是猶太人，這門學科被人稱為「猶太科學」，就是一個明證），猶太人作為世界第一流的商人，絕不會在這方面技藝生疏或技不如人。

「策動人心」是銷售策略中的一大類，在具體使用時，還須細分為各種具體戰術。

在猶太人那裡，最基本的戰術是「暗示」。暗示的最大好處是，暗示者什麼也不需要允諾，而受暗示者就會自己給自己做出種種「投己所好」的允諾。但既然是他自己的允諾，事後就只能怪他自己，而絲毫牽涉不到暗示者。

對於這種暗示戰術，猶太人有個笑話，很具有典型性。

售貨員費爾南多在星期五傍晚抵達一座小鎮。他沒錢買飯吃，更住不起旅館，只好到猶太教會堂找執事，請他介紹一個能提供安息日食宿的家庭。

執事打開記事本，查了一下，對他說：

「這個星期五，經過本鎮的窮人特別多，每家都安排了客人，唯有開金銀珠寶店的西梅爾家例外，只是他一向不肯收留客人。」

「他會接納我的。」費爾南多十分自信地說，轉身來到西梅爾家門前。

等西梅爾一開門，費爾南多神秘兮兮地把他拉到一旁，從大衣口袋裡取出一個磚頭大小的沉甸甸的小包，小聲說：「磚頭大小的黃金能賣多少錢呀？」

珠寶店老闆眼睛一亮，可是，這時已經到了安息日，不能再談生意了。但老闆又捨不得讓這上門的大交易落入別人的手中，便連忙挽留費爾南多在他家住宿，到明天日落後再談。

於是，在整個安息日，費爾南多受到了盛情的款待。到星期六夜晚，可以做生意時，西梅爾滿面笑容地催促費爾南多把「貨」拿出來看看。

「我哪有什麼金子？」費爾南多故作驚訝地說，「我不過想知道一下，磚頭大小的黃金值多少錢而已。」

按照猶太教規，每週第五天日落至第六天日落，這二十四小時為安息日，這期間不得從事任何謀生工作，更不能談生意，最好連錢也不要摸一摸。另外，按照猶太人的習慣，孤身在外的猶太旅客有權利在路經的猶太人家裡獲得食宿方面的招待，尤其是在安息日，因為這一天，即使旅人也「不該出門」。

所以，笑話中的西梅爾是一個反派角色，他雖然在信守安息日上遵守了猶太教教規，但在招待過路客人上卻沒有按照猶太人的習慣行事，而且還是一個屢教不改之人。因此，讓費爾南多這樣的聰明人來誑他一下，也算伸張了一下正義。

不過，大家知道，任何一個民族都只有在這類充滿道義感的「懲惡揚善」的掩護下，才肯把自己日常生活中經常使用而且確有奇效，但又不便於或羞於講出來的辦法公諸於眾，因為這個時候，大多數人的注意力都集中到「懲惡揚善」的主題上去了，而沒有覺察裡面竟包藏著「生意經」。

有意思的是，猶太人有意無意地讓一個「售貨員」來扮演這樣一個角色，必定是因為日常生活中經歷得多了。售貨員本是商業活動中最純粹的「仲介人」，他甚至連商店老闆少不了承擔的售後責任也不用承擔，只管把手頭的貨物轉移到顧客手裡就行了，所以才練出如此熟練的「策動人心」技巧。

他在一個不能談生意的時刻，問了一個似乎是談生意的問題；而到可以談生意的時刻，這個似乎是談生意的問題，又成了一個純粹不是談生意的問題。由於售貨員從頭就沒有明確他是否在談生意，對他所提的問題的理解完全取決於首飾店老闆個人的界定，售貨員只不過為老闆的「想像」，提供了若干「參照情境」，諸如神秘兮兮的舉止，還有那塊「磚頭」似的東西，而所有這些參照物同樣也是缺乏明確界定的。故此，最後只能怪首飾店老闆賺錢心切，一廂情願地把別人「隨便問問」當做了商業談判的引子。

借模棱兩可的暗示來策動對方，絕不僅止於笑話中的售貨員才會用，在現實生活中，會用這種手法的猶太人也多有發現。

美國猶太實業家路易·E·沃爾夫森就是一個例子。

沃爾夫森是一個移居美國的猶太舊貨商的兒子，在五〇年代和六〇年代時，被譽為金融奇才。他的實業道路是從負債經營開始的。他向人借了一萬美元，買下一家廢鐵加工場，把它辦成了一個贏利很高的企業。才過二十八歲，沃爾夫森的財產就突破了百萬美元的大關。

一九四九年，沃爾夫森以二百一十萬美元的價格，買下了「首都運輸公司」，這是設在美國首都華盛頓特區的一套地面運輸系統。沃爾夫森有能力把虧損的企業辦成高贏利的企業，這是大家都知道的。但這一次，還沒來得及做到這一點，沃爾夫森就公開宣布，公司將要增發紅利。諸如此類的手法本身並沒有特別出奇的地方，只是沃爾夫森發放的紅利超過公司這一段時間裡的贏利。這等於說，他以貼出公司老底的辦法，來人為製造企業高贏利的假象，藉此「策動人心」，讓公眾產生對該企業的過高期望。

果然，「首都運輸公司」的股票在證券市場被大家看好，價格一路上漲，趁此機會，沃爾夫森將其手中的股份全部拋出，僅此一舉贏利竟達六倍！

沃爾夫森興辦的「梅里特—查普曼和斯科特公司」是六〇年代興起的新的實業形式，「聯合大企業」的第一個，所以被人稱為「聯合大企業」之父。他曾是美國薪水最高的經理之一，完稅前的收入為一年五十萬美元。

沃爾夫森的實業王國當然不是完全靠策動人心建立起來的，但也不可否認，「策動人心」確實加快了其形成過程。

2．猶太人的談判方式

猶太人一般都有很強的語言能力，不但會說多種語言，而且表達能力特別強，雄辯滔滔。所以，他們對用語言來說服對方（也是一種策動人心的方式）充滿自信，這種自信在一則笑話中，得到了淋漓盡致的表達：

摩西在一家保險公司供職。由於他工作很有成果，公司決定提拔他為高級職員。可令人頭疼的是，該公司的高級職員都是天主教徒，而摩西卻是個猶太人。

於是，董事長只能在會議上提出，讓摩西成為高級職員似乎不妥。可是，常務經理卻說，他認識一位名叫麥克蘭的神父，極有說服力，一定能讓摩西皈依天主教。

大家一聽，紛紛贊同，因為這樣一來，事情就可兩全其美了。

麥克蘭神父來了之後，把摩西一個人叫進了一個房間。經過足足三個小時後，才見神父走了出來。大家紛紛向神父表示感謝，可神父卻是一臉茫然。

董事長不放心地問：「神父，您成功了吧？」

「哪裡的話，看樣子還需要一小時呢。不過，剛剛摩西已經把十萬元的保險推銷給我了。」

這則笑話既沒有交代摩西原先在業務活動中如何能言善辯，也沒有描繪摩西與神父兩人之間如何脣槍舌戰，僅僅讓「極有說服力」的神父「一臉茫然」地承認已接受了十萬元的保險，讀者就不難想像在密室中神父如何被說服的情景……再過一小時，恐怕又有十萬元又會演變為二十萬元了。

可是，即便如此，猶太人仍嫌不夠，還設計出了更進一步「策動人心」影響顧客的辦法。

服裝店老闆艾爾曼因為經營規模擴大，登報招聘營業員。當天來了一個男青年，自我介紹說曾經推銷過汽車、百科辭典、牙刷、化妝品、珠寶以及不動產等等，能夠在幾秒鐘內把商品推銷給顧客。

青年剛介紹完，就來了一個顧客。

艾爾曼連忙起身招呼：「請進。您要什麼東西？」

應徵的青年輕輕拉了一下艾爾曼的袖子，使了一個眼色，意思由他來接待客人。艾爾曼卻像沒看見似的，只管自己迎上去。

「我想買一套現成的西服，有沒有正統式樣的？」客人問道。

「有有有，適合你的樣式還不少呢！」

艾爾曼問過尺寸之後，便從裡間取出一套，給客人試穿。

「好極了，先生，這一套衣服就好像是為您定做的！不管您在相親、參加婚禮、上下班，還是週末逛街時穿，都挺合適的。」

客人瞧著鏡子裡面的自己，疑惑地說：「真的嗎？」

艾爾曼順手搭在客人肩膀上，讓客人側面對著鏡子，一邊又說：「是啊，從這裡看過去，簡直就像電影明星啦。太好了，您要是再轉過一點來，看上去更神氣。」

一邊口中不停，艾爾曼一邊把客人推得團團轉，自己也跟著一起旋轉。

應徵青年看著覺得挺無聊的，便走到裡間又取出一套不同款式的。這時艾爾曼仍然隨著客人一起在鏡子前打轉，口裡不停說著奉承話。

青年走上前去，插進兩人之間，幾句話，就讓客人把他取來的那套衣服買下了。

客人走後，年輕人不無得意地對老闆說：

「您看到了吧，我不是天才的售貨員嗎？」

可是，艾爾曼一點不服氣，他反問道：

「那麼，你以為是誰使他頭暈目眩的呢？」

是誰把猶太人的經商謀略，醜化成如此「惡形惡狀」的呢？不是別人，是猶太人自己。這裡我們除了欽佩猶太人的幽默之外，更欽佩猶太人能有如此胸襟和興致，將自己的經商手法做這樣的漫化式演出。我想，以猶太人經營的服裝店之多，誰都不會在他們店裡試衣室發現旋轉木馬的。

然而，旋轉木馬固然不會真的有，但以非語言的形式來策動對方，讓對方在諸如「頭暈目眩」把握不住之際，糊里糊塗地做出於己方有利的決定，正是猶太人的手法。

「勿積宿怨」是日本商人在談判中吃了猶太人「非語言策動」之大虧後，總結出來的一條教訓——不要記隔夜仇！

猶太人一坐到談判桌上，總是擺出一副笑臉，無論是風和日麗的晴天，還是電閃雷鳴的雨天，都是如此。

可是，一進入實質性內容，進展卻相當慢。猶太人對金錢得失，細心得令精明的日本人都覺得厭煩。無論金錢上的一分一厘，還是合同上一項細小的規定，猶太人都會同對方爭個面紅耳赤。

由於日本人常常習慣於以含糊不清的條款或疏漏來「夾帶私貨」，而猶太人從來就相信「白紙黑字」一清二楚，絕不會被日本人拖入迷糊湯裡去。所以，事無鉅細，一有分歧，猶太人就必得弄個水落石出。雙方因此發生激烈爭論，甚至達到互相謾罵，也時有發生。一般來說，第一天都是以吵架而告終。

在這種情況下，許多日本人都會放棄談判，至少也要有一個情感冷卻階段，一下子很難給對方好臉色看。

可猶太人呢？頭一天吵過架，難聽的話都出口了，第二天就像沒事人似的，一見面，仍然是一副和顏悅色、坦誠相見的姿態，仍然主動打招呼問好。而日本人則因為昨日的惱怒還鬱結在心裡，碰到猶太人的這種笑臉攻勢，不是茫然失措，就是困惑不解。即使努力裝出平靜的樣子，握手寒暄，其實心中仍然七上八下，難以安寧。

到了這一步，大概八成已上了猶太人的圈套。猶太人已經由心理狀態上佔據了主動，乘勢發起進攻。日本人倉促應戰，幾個回合之後，冷靜下來，才發現已在不知不覺中，接受了昨天為之「爭吵不休」的條件。

這是自稱為「銀座的猶太人」的日本人滕田田在其所著的一本廣告性小冊子中談及的個人體會，並以之作為對同道的告誡。日本人是否如此易於激怒，如此控制不住自己，自可存疑，因為據美國實業家說，日本人在談判桌上也很難纏，「牛皮」得很。儘管如此，日本人所描繪的猶太人的這般行事風格，則是可信的。

一、是猶太人歷來以耐心和韌勁著稱於世，這個世界沒有第二個民族有過猶太民族這樣的坎坷經歷，更沒有第二個在這樣的坎坷經歷中倖存下來、興盛起來的，相比之下，這區區吵架小事，又何須多少忍耐呢。

二、是猶太人在傳達資訊時，素有熱傳播與冷傳播之分。所謂「熱傳播」就是語言形式的傳播，包括吵架中罵人話所傳播的信息；而所謂「冷傳播」則是「傳播過程」本身所傳播的資訊。換言之，也就是：不是罵人話所傳達，而是罵人所傳達的信息。在同日本人談判的事例中，就吵架而言，猶太人屬意的並非個人發洩或侮辱對方的「熱傳播」，而是藉吵架擾亂對方心思的「冷傳播」。

以這種視角，我們回頭再來看看上述那則有關服裝店的笑話，顯然其中的滿口奉承是「熱傳播」，而藉展示不同角度將顧客轉得暈暈乎乎，就是老闆真實意圖所在的「冷傳播」了。

3．有智慧的人是贏家

猶太人十分清楚，經商是個鬥智過程，雙方為了取得於己有利的結果，都會採取策動對方的策略，很少有這種一方被「策動」得連身體都團團轉，卻毫無應變之力的情形。真正要想成功地策動對方，必須像下棋時「棋想三步外」一樣，把對方可能的反應，都一起策動起來。這當然很不容易，但古代的一位猶太人卻給我們留下了一個範例，只不過沒有直接發生在生意場上，好在道理還是一樣的。

古時候，有個猶太人來到一個市鎮跑買賣。他打聽到幾天之後有特別便宜的商品出售，就留在那裡等大削價的日子到來。可是，他身邊帶了不少金幣，當時又沒有銀行，走到哪兒帶到哪兒又重又不方便，還很不安全。

於是，他一個人悄悄來到一個僻靜之處，瞧瞧四周無人，就在地裡挖了一個洞，把錢埋藏起來。可是，等第二天他回到原地一看，卻大吃一驚：錢不見了。他呆呆地站在那裡，再三地回憶，昨天確實沒有人看到自己埋藏金幣。為什麼會不見了呢？他百思不得其解。

就在這時，他無意中一抬頭，發現遠處有一間房子，房子的牆上有個洞，對著他埋錢的地方。他突然想到，會不會是住在這房子裡的人，正好從牆洞裡看見自己埋錢，然後才挖走的呢？如果事情確實如此，怎樣才能把錢要回來呢？

猶太人打定主意，來到屋前，見了住在裡面的一個男人，客氣地問道：

「你住在城市裡，頭腦一定很靈活。現在我有一件事情要請教，不知行不行？」

那人一口答應道：「請儘管說。」

猶太人接著問道：「我是外鄉人，特地到這裡來辦貨，身上帶兩個錢包，一個放了五百個金幣，另一個放了八百個金幣。我已把小錢包悄悄埋在沒人知道的地方。現在的問題是，這個大錢包是埋起來比較安全呢，還是交給能夠信任的人保管比較安全？」

房子的主人回答說：「要是我處在你的立場的話，什麼人我都不信任，也許我會把大錢包同小錢包埋在一個地方。」

等猶太人一走，這個貪心不足的人馬上拿出挖來的錢包，又去埋在原來的地方。可他抬腳剛走，守候在不遠處的猶太人馬上回來，挖起了錢包，就這樣，五百個金幣一個不少地回到了他手裡。

這個猶太人在策動人心上確實手段高明。他知道，偷兒之所以偷竊別人的東西，就是因為有一種貪得無厭之心，而貪得無厭之心自然是可得之物價值越大，心也越大的。所以，盡可以藉其貪得無厭之心，讓他自己吐出已貪得之物，也算給他個教訓。妙就妙在還請他自己出主意，自己把錢送回去。

不過，僅僅這樣看，我們還沒有真正看出這位猶太人策動人心手法的真正高明之處。要將它做「商業性開發」的話，必須看到其中包藏的「奪餌之計」。

猶太人常用的英語單詞中，有一個「nibbler」，這是由動詞「nibble」加尾碼「er」而來的。「nibble」的意思是釣魚時，魚一個勁地咬食魚餌的狀態。魚要麼是由nibble狀態下，巧妙地奪走魚餌逃之夭夭；要麼是把魚鉤一起nibble進去，從而掛在鉤子上，被人釣起。

這個動詞加上尾碼「er」後，就成為名詞，用來稱呼咬食之魚。引申開去，就成了猶太人用語中特指的那種奪得魚餌之後逃之夭夭的商人。翻譯成中文的話，大約就是滑頭魚或者滑頭商人之意吧。

就釣魚而論，餌是釣者與被釣之魚彼此間發生關係的媒介。要釣魚，就得有餌；無餌空鉤，非經特殊處理，是沒有魚會來上鉤的。所以，餌可以看作釣者對魚的一種誤導，故此稱之為「誘餌」。

但是，不管釣者如何誤導，餌總是他不得不付出的原始投入。釣者最惱火的，不是魚不來食餌，而是奪走了餌卻不上鉤，弄得他賠了夫人又折兵。

反過來，對於魚來說，食餌固然有上鉤的危險，但要是方法得當，能夠奪餌而去不被釣上來，豈不是無本買賣？

所以，釣者的理想結果是失小餌而得大魚，魚的理想結果則是奪餌而不上鉤，這是釣者與魚之間鬥智的關鍵之處。

用這種眼光來分析上述小故事中猶太人與偷兒的較量，我們便可以發現，猶太人實際上運用了奪餌之計。偷兒之所以肯把不留痕跡地偷得的錢再放回去，就是想用這筆錢做餌，再去釣猶太人的那「八百個金幣」。可是，猶太人卻只等他餌一下來，便奪走了事，根本沒有上鉤。

猶太人沒有上鉤，因為本來就只有他才是釣者。偷兒的設餌，是被他誘哄出來的。沒有猶太人所詭稱的那「八百個金幣」，偷兒是不會把偷得的錢再放回去的，就像沒有看見魚的喋水吐泡，釣者一般不會下鉤一樣。所以，偷兒放回錢包本身又是自以為在設餌的小偷咬餌上鉤的結果。

偷兒會咬餌上鉤，卻絕對沒有辦法奪餌，因為猶太人的高明之處在於他所設的純粹是「虛餌」。他沒有真的在那裡又放上一大包金幣，然後再去釣偷兒偷去的那一小包金幣，而是充分調度偷兒的貪得無厭之心，只讓他「聽見」八百個金幣。這種聽得見看不見更拿不到手的「金幣」，作為「餌」是絕對不怕別人奪走的。

把這套設餌奪餌之法運用到生意場上，那麼無論對廣告也好，公關也好，免費贈送也好，一律可以來者不拒地大吞其餌，但拿定主意，絕對不上鉤。

可惜的是，在生意場上就像河邊、海裡一樣，畢竟還是人釣魚的多，不但消費者往往上當，就連生意人也往往有上當的。這時，我們就可以體會到猶太人設餌之計的厲害和有效了。

4・每次的生意都是第一次

猶太人的生意經，有不少初看之下毫不起眼，細細推敲下來，卻足以發人深思的生意場上的金科玉律。「每次都是初交」就是這樣的一條「生意經」，六個字中到底包含了多少經驗，我們且從一個日本人被一個猶太畫家「作弄」談起，事情是由該日本商人自述的，可信得很。

有一天，這位日本人請一位猶太畫家上銀座的飯館吃飯。賓主坐定之後，畫家乘等菜之際，取出紙筆，給坐在邊上談笑風生的飯館女主人畫起速寫來。

不一會兒，速寫畫好了。畫家遞給日本人看，果然不錯，畫得形神畢具。日本人連聲讚歎道：「太棒了，太棒了。」

聽到朋友的奉承，猶太畫家便扭轉身來，面對著他，又在紙上勾畫起來，還不時向他伸出左手，豎起大拇指。通常，畫家在估計人的各部位比例時，都用這種簡易方法。

日本人一見畫家的這副架勢，知道這回是在給他畫速寫了。雖然因為面對面坐著，看不見他畫得如何，但還是一本正經擺好了姿勢，讓他畫。

日本人一動不動地坐著，眼看著畫家一會在紙上勾畫，一會兒又向他豎起拇指，足足坐了十分鐘。

「好了，畫完了。」畫家停下筆來，說道。

聽到這話，日本人鬆了一口氣，迫不及待地欠身過去，一看，不禁大吃一驚。原來畫家畫的根本不是他的素描，而是猶太人自己左手大拇指的速寫。

日本人連羞帶惱地說：「我特意擺好姿勢，你……你卻作弄人。」

猶太畫家卻笑着對他說：「我聽說你做生意很精明，所以才故意考驗你一下。你也不問別人畫什麼，就以為是在畫自己，還擺好了姿勢。單從這一點來看，你同猶太人相比，還差得遠啦！」

到這時，那位日本人才如夢方醒，明白過來自己錯在什麼地方：看見畫家第一次畫了媽媽桑，第二次又面對著自己，就以為一定是在畫自己了。

其實，前面所說的那個偷兒犯的也是這個毛病。

本來故事中給他安排得好好的，五百金幣到手了，什麼把柄都沒落下，雖然牆上有個對著埋錢地點的洞，但哪個法官能憑這個洞就裁定金幣是他偷的？可所有的一切，卻給他心理上的一個漏洞給毀了。他從猶太人第一次埋藏過金幣，就毫不考慮地以為他第二次也會把金幣埋藏起來。這看似他糊塗了，利令智昏到竟然相信別人會來同他商量這種從邏輯上說就不能與人商量的事情，但造成他的糊塗的，恰恰就是這種由第一次就自說自話地推斷第二次的心理定向。

正是基於對類似於這位日本人和偷兒所犯的錯誤，猶太人的生意經上，赫然寫著一條：「每次都是初交。」

哪怕同再熟的人做生意，猶太人也絕不會因為上次的成功合作，而放鬆對這次生意的各項條件、要求的審視。他們習慣於把每次生意都看作一次獨立的生意，把每次接觸的商務夥伴都看作第一次合作的夥伴。這樣做，起碼有兩大好處：

其一、是不會像偷兒與日本商人那樣，因為自己對對方的先入之見而掉以輕心，相反，可以有足夠的戒備防止對方可能的一切手腳。

其二、是可以保證自己第一次辛辛苦苦爭取得到的贏利，不至於在第二次生意中為顧念前情而做出的讓步所斷送。生意畢竟是生意，容不得「溫情脈脈」，否則第一次就沒有必要「斤斤計較」了。

這兩項東西這麼寫白了放在面前，看上去實在平淡得很。但猶太人深知，由於它們作用的是人的潛意識層面，往往在人們的漫不經心中被忽略了，先入之見的厲害之處在於會使人都想不到去糾正它。直到事情結果出來了，大失所望甚至絕望之餘，人們才不無懊悔地察覺到自己的疏忽。

今日社會上發生的諸多合同詐騙案中，有多少「善良的人們」就是因為單憑一張熟人、甚至僅僅一面之交的「熟人」面子，或者一次小小的「成功」而上了別人的圈套？這些人難道不應該把「每次都是初交」作為自己經商活動中的座右銘嗎？

所以，「每次都是初交」實是猶太人在漫長的歷史時期中由活生生的商務工作而得出的高級生意經，而其作用範圍竟然已經到達潛意識層次。只有一個發明了精神分析學的猶太人，才會在這種極其細微、極不容易覺察的地方，有如此清晰的認識，並且駕輕就熟、遊刃有餘。這真是一條保持內心平衡，不被他人策動的生意經。

有意思的是，對自己，猶太人要求做到「每次都是初交」，不為別人策動；但對別人，猶太人則毫不遲疑地利用對方對「第二次」的先入之見，來策動別人。

比上述猶太畫家還用得巧妙的，是一則猶太笑話中的某個賣傘櫃檯的售貨員，他不用開口，利用顧客的問話，就構築好了一個「第二次陷阱」。

「先生，您買這把漂亮的傘吧！我保證這是真綢面子的。」

「可是，太貴啦！」

「那麼，您就買這把吧。這把傘也很漂亮，可是並不貴，只賣五馬克。」

「這把傘也有保證嗎？」

「那當然。」

「保證它是真綢的？」

「不是……」

「那你又保證什麼呢？」

「這個嘛……我保證它是一把傘。」

顧客好險，差一點掉進自己造成的語言陷阱，幸好沒有把「第二個保證」當做「第一個保證」，才不至於買了一把僅僅保證是「傘」的玩意兒。

5・高明的生意手腕

猶太人之喜歡討價還價，在國際商業界中也是有名的。

艾布拉走進一家商店，開始殺價。明碼標價十五美元的貨物被他殺到十美元，再殺到九・九七美元，他還不滿意，希望再降到九・九六美元。

售貨員表示：「這已經是最低限度了，不能再降了。」

艾布拉卻不死心，堅持要他降到九・九六美元。

售貨員也毫不妥協：「絕對不行，到此為止，一分錢也不能再降。」

艾布拉硬是不從。

「先生，為了區區一分錢爭個沒完，也太不上算了。說實在的，絕對不能再降了。況且，你歷來都是賒帳的，差一分錢，又有什麼關係呢？」

艾布拉卻理直氣壯地回答說：

「我之所以拼命殺價，無非是我真心喜歡你們這家店。現在多殺一分錢，逢到我賴帳時，你們店的損失不就可以減少一分錢了。」

這哪裡是為了讓別人以後少心疼一點，分明是把討價還價當做了一種樂趣，當做花錢消費過程中一份必不可少的享受，即使不必花錢，這份樂趣還是不能放棄的。

喜歡討價還價是一回事，如何討價還價又是一回事！

精於此道的猶太人首先給出了一個一般原則：討價還價實質上是一個買賣雙方誰說服誰的問題，同樣一件商品，賣方總要千方百計說好，而買方總要千方百計說不好。

這一基本原則，就是下述笑話中試騎者發問的緣由。

科恩被一個販馬的商人雇為試騎者，還沒等他弄清老闆這次做什麼買賣時，就被叫到了院子裡，那裡站著一個陌生人，旁邊是一匹鞍具齊備的馬。

科恩一見，沒有上馬，先把老闆叫到一邊，悄悄問道：

「我以買方的方法試馬呢，還是以賣方的方法試馬？」

猶太人真是深明事理，不問個明白，即使沒把馬騎得讓作為賣方的老闆看了七竅冒煙，只要讓作為買方的老闆看得無可挑剔，他的這碗飯就吃不長了。

不過，作為買方挑毛病，心裡也得有個譜，挑出來的毛病也不能是真毛病，否則連討價還價的現實意義也沒有了。具體怎麼挑，猶太人又有笑話了。

摩西從市場上牽回一匹馬，一進屋子，就對妻子說：

「今天我在街頭向狡猾的吉普賽人買了一匹馬。一匹好馬要值五十元錢，我卻只用二十元就買下了。」

「那太好了。二十元錢就買回了一匹好馬。」

「不過也不怎麼好，因為是匹小馬。」

「那……這匹小馬不好嗎？」

「什麼話，馬健壯得很呢！」

「噢，小巧而強健，那也很好。」

「好什麼呀，馬是跛的。」

「什麼，跛腳馬？那怎麼行？跛腳馬拉不動重物。」

「哪裡的話，我已經從馬的後蹄上拔掉一根小釘子，又抹了藥，馬已經會跑了。」

「這麼說來，你是用二十元錢買了一匹好馬了，運氣太好了。」

「不怎麼好呢，付錢時弄錯了，將五十元當二十元給了。」

「真要命，這能算二十元錢買了一匹好馬嗎？你吃大虧了。」

「這是什麼話？合算得很，我給的五十元錢是假鈔票。」

猶太人真能節省，這麼短的一則笑話，把殺價的要訣全埋藏在裡面。

首先，買東西都要殺價，而且要殺得狠，打它個四折，絕不能心軟或者不好意思，否則就可能因為不夠狡猾而被狡猾之人騙了。

其次，殺價時得有理由，非得到處挑毛病，但這些毛病又不能是實質性的或不可彌補的毛病。馬小，就非得健壯，才能拉重物；腳跛，就必須是拔掉釘子才會跑，否則光圖少花幾個錢，買回來後，盡是真毛病，派不上用場，那就犯了討價的大忌。這種人生活中多的是，對討價還價過於熱心，花錢純是在買這種樂趣了。

最後，不要因討價還價順利，樂昏了頭，心態不平衡，付錢時潛意識做主，殺下的價格在付款時又給加上了拿錯鈔票、算錯找零頭甚至忘記索回的零頭比貨款還多，都有可能。

同樣，從賣方的角度來看，其中也有不少經驗之談。

首先，要準備別人還價，所以先得把價開上去，來個漫天要價，甚至高達實際售價的200％以上。殺不到這個價的，是我白賺，殺到這個價以下的，一律不賣，主動權都在我手中。

其次，對於買方的每一挑剔，都要給予積極的回答，使毛病不成其為毛病。如果所有批評都給駁回去了，說不定這個價格也就站住了。現實生活中，猶太人確實特別善於說服。談判價格之前，他們就會預先準備好足夠的資料和數據，用於說服對方，或者進一步，提供給對方去說服他們自己。

最後，對買方的明顯失誤，不可掉以輕心，更不可以為買方的失誤弄得過於緊張，自以為得逞而實際上連本都賺不回來：殺價再厲害，二十元的成交價必定還保留利潤在內，而五十元假鈔票收進，就等於賠了夫人又折兵了。

如果真的吃透了這幾項討價還價生意經，並運用自如，一般市場上使用是足夠了。可怕的倒是，猶太人的「以文載道」遠甚於中國人，連笑一笑的空間都給排滿了經商的培訓內容。

6．債權人與債務人

猶太人諳熟金融方面的經營術，對借貸問題有不少區別於日常所見的獨特見解。

比如，若問是「想借錢給別人的人」多，還是「想借錢的人」多的話，那猶太人一定會告訴你，肯定是「想借錢給別人的人」多。一般人會認為是「想借錢的人」多，但事實正好相反。猶太人之所以喜歡開銀行，尤其開投資銀行，發行股票等，就找準了大多數人「想借錢給別人」的願望，借他人的錢來發財。聞名世界的羅斯柴爾德銀行家族不也是從借款上發展起來的嗎？

再比如，借了錢之後還不出，是債務人著急呢，還是債權人著急？一般人都以為債務人著急，害怕兇神惡煞般的債權人上門催討。猶太人卻會回答說，是債權人比債務人更著急，有個猶太笑話是這麼說的。

雅可夫借給亞瑟五百美元。明天就到期了，但亞瑟到了現在身上連五毛錢都沒有。雅可夫三天前就不停地提醒亞瑟，還有多少天就該還錢了。「到明天，雅可夫一定會來要錢」。想到這裡，亞瑟坐臥不寧，根本就睡不著，在房裡一個勁地走來走去，像鐵籠裡的困獸一樣。

「你為什麼還不睡覺？」妻子問他。

「我向雅可夫借了錢，明天上午非還不可。」

「你身上有錢嗎？」

「我連一個子兒都沒有呢！」

「既然這樣，你就睡覺吧。整夜睡不著的，應該是雅可夫而不是你。」

亞瑟妻子的話，實際上也就代表了猶太人的一般看法。

債務人到身上一個子兒都沒有的地步時，確實沒有什麼可怕的了。錢，已經用過了，也已經用完了，這本身就不冤枉，而且用的還是別人的錢，一點沒有吃虧。討債人再兇，對一個子兒也沒有的債務人也兇不到哪裡去，因為猶太人沒有要人拿命來抵債的習慣。這種做法太不上算了，拿了別人一條對我毫無價值的命，卻勾銷了一筆債務，這可划不來。即使打官司，這錢是否能要回來還是個問題，可請律師、對簿公堂等等的費用與時間的支出，卻又接踵而來了。

所以，債務關係一旦形成，債權人就處在了某種被動地位之上，時時擔心著錢要不回來。哪一天得知債務人已經破產，最犯愁的自然是他們。正因為這個道理，金融界裡有一個心照不宣的規矩，就是借錢貸款最難爭取的是第一筆，在這個當口上，銀行需要反覆思考，是否以後會為這個債務人「犯愁」，決定權還在他手裡。一旦債務關係建立，企業運轉有些不妙，最起勁地貸款給企業讓它能有個轉機的，是銀行。不為什麼，為的是怕第一筆貸款連本帶利都收不回來。

人既喜歡借錢給別人，借出錢之後，自己又會陷入絕對被動的地位，這始終是借貸關係中的一個兩難。對大筆貸款當然可以採取抵押貸款的方法，但日常來往中的一些不大不小的貸款，不可能都以抵押方式辦理。現實生活中，最狡猾的詐騙犯，就是專門詐騙這類不大不小的貸款，讓你白扔有些心疼，辦交涉或打官司又有些殺雞用牛刀，不方便也不合算，左右為難。

猶太人在商業場上見識多了，少不得也碰上類似的麻煩，怎麼解決，還是智取為上。有則故事是這麼說的：

梅西克是個服裝商，向布商克羅揚批發了一千二百馬克的布料，卻一直沒付錢。克羅揚叫夥計去收了幾次賬，梅西克每次都溜掉，避而不見；給他寄催款單，梅西克又不理不睬。為此，克羅揚束手無策，連聲歎氣。

這時，一個新來的店員對他說：

「我有一個討債的秘方。您不妨先寫一封催款信給梅西克，叫他儘快歸還一千八百馬克的債，瞧瞧他有什麼反應，再作打算。」

克羅揚採納了這位店員的辦法，給梅西克去了一封信。

果然，不到兩天，避不見面的梅西克回信來了，信中說：

「克羅揚，你這混蛋，一定是腦子有毛病了。我明明只批了一千兩百馬克的貨，你怎麼訛我一千八百馬克？隨信附上一千兩百馬克，以後再也不來你這兒批貨了——要打官司嗎？你準輸。」

克羅揚還有必要同他打官司嗎？

店員的這則討債秘方，實際上是一個相當巧妙的以攻為守的攻心戰術。本來克羅揚確實處於純粹的守勢，主動權一點不在他手上，梅西克只要避而不見，克羅揚就拿他毫無辦法，總不見得為一千兩百馬克去打官司。

但反過來，從梅西克的避而不見，我們可以看出，他對這筆債務倒還是承認的，只是想拖著不還，而不是徹底賴帳。這就使店員的以訛詐訛之計有了心理基礎：拖欠一千兩百馬克不還的梅西克，可以高枕無憂，盡讓克羅揚一個人著急，要打官司也可以先讓他忙乎，大不了到差不多時候還給他，並沒有額外的損失。

而現在一千兩百馬克突然變成了一千八百馬克，這就由不得梅西克不出來辯解了，因為仍然像對待催款單那樣置之不理，就意味著默認了克羅揚開出的帳單，時間久了，日後真打起官司來，再要證明只拖欠一千兩百馬克就麻煩了，何況就是拖欠一千兩百馬克也好做不好說。原先是想占別人的便宜，哪能讓別人把便宜占了去？占了理的梅西克不能不說個清楚，可這樣一來，原先主動的梅西克變成了純粹的被動，他不能再避而不見。只要他一露面，一千兩百馬克也就露面了，因為猶太人一般很少有空口白舌說謊的習慣。

7．即使要報復，也不能花錢

世人常把猶太人看作一類極端吝嗇而又充滿報復心的人，這很大程度上不是因為猶太人的行為所引起，而是文學家們誤導的結果，其中尤為「責任重大」的是英國大戲劇家莎士比亞，他在著名喜劇《威尼斯商人》中塑造的那個夏洛克，至今還像幽靈似的追著猶太人不放。事實上，這是一個頗為扭曲失真的形象。

夏洛克是個放高利貸的，一毛不拔，專思盤剝，還因基督徒商人安東尼奧發放無息貸款和多次斥責他而懷恨在心。

一次，夏洛克借安東尼奧為資助朋友遠行求婚急需用錢之際，同他立下契約，言明到期不還，以安東尼奧心口上的一磅肉來抵償所借的三千塊錢。

結果，安東尼奧果然由於貨船接連出事而誤了還債日期。在法庭上，不管別人如何調解，夏洛克堅持只要心口上的一磅肉，而不要那數額大的賠款。

於是，安東尼奧的朋友之妻，即朋友靠安東尼奧這筆借款的資助所娶來的妻子，機智地要求夏洛克只能取一磅肉，但不得流安東尼奧的一滴血，也不得多取或少取，否則處以極刑，才震懾了夏洛克，並使他寧可認賠也不敢下手。

最後，基督徒們不僅以違約罪——說好割肉，卻不割肉了——和意圖謀害他人生命罪，罰掉了他一半財產，還迫使他改信基督教並同意讓女兒同基督徒結婚，死了以後，由女婿和女兒繼承全部財產。

很明顯地，莎士比亞對猶太人的這一看法，與其說來源於他自己對身邊猶太人的感性認識，不如說更多地來源於中世紀基督教會關於猶太人的刻板模式或成見。因為當時，猶太人定居英國的時間並不長，才只有二百年，英國人對猶太人的了解和認識還談不上很深刻。

所以，莎士比亞作為一代文豪，是戲劇史上一座不可超越的高峰，他雖然借戲劇舞臺給了猶太人一個申辯的機會，但不自覺地還是反映了並且是典型地反映了當時主流文化對猶太人的那種歧視、無奈而又嫉恨的心態：逼著猶太人只能同「卑污」的錢打交道；一般人不得不向猶太人借錢，且對他們的財運亨通無可奈何；千方百計奪取猶太人的錢財和子女，還強迫他們改了信仰。

最不公道的是，將中世紀基督徒那種近乎偏執的不惜放棄錢財的報復心理強加在夏洛克身上。而隨著夏洛克成為一個著名的文學典型，夏洛克及其以三千塊錢換一磅肉的報復心，也成了猶太人的典型。

其實，作為典型而不是個別例子，這是對猶太人的極大的無知、極大的誤解甚至極大的誹謗——因為以猶太人的精明，即使他想報復的話，既不會愚蠢到要別人心口上一磅肉從而陷自己於法網之中，更不會以三千塊錢甚至九千塊錢的罰款來換取一磅「毫無價值」的人肉。猶太人要報復，也會採取更省錢和更省事的辦法。這樣的辦法多的是，我們這裡先看一種最原始的報復辦法。

夥計洛德向老闆告密，說另一個夥計舒茨偷了保險箱裡的錢。

老闆把舒茨叫來，對他說：「你週薪多少？」

「二十元。」

「這麼點錢怎麼夠用？」老闆說：「這麼樣，我給你調整一下吧。」

洛德一聽，非常惱火：「老闆，這是你對付小偷的辦法嗎？」

「你說對啦，」老闆一口承認，然後又對舒茨說：「我決定把你的工資提高到每週六十元。」舒茨聽了，高高興興地出去了。

洛德再也忍耐不下去了：「老闆，你這是在獎勵小偷，十年來，我的週薪都一直只是二十元啊！」

「你別發急，」老闆安慰洛德說：「你就等到週末吧。到時候我會把舒茨罵個狗血噴頭。那個流氓，失掉了六十元週薪的工作一定會哭得死去活來。而如果是二十元週薪的話，他還會滿不在乎呢！」

還有什麼能比猶太人自己的這則笑話，更典型地反映猶太人的報復和報復方式呢？沒有報復心的民族是不存在的。要讓猶太人不報復是不可能的，但要讓猶太人花錢來報復更是不可能的。笑話中猶太人完全是對小偷進行錢財上的報復，但這種報復用的不是現鈔，而只是心理上的錢：以剝奪一筆不曾給過你而你又以為已經到手的錢來造成一種期望上的失落，從而達到報復的目的。

這樣巧妙的報復方式，只有一個既諳熟人的心理，又以錢作為最有效的媒介的民族的商人，才想像得出來。相比之下，中國人常說那句口頭禪：「爭氣不爭財」，就不夠理性了，至於莎士比亞設想的報復方式，更沒有了一點猶太風格了，純粹是盎格魯——撒克遜騎士式的蠻幹。

8．現金為王

在猶太人的各種特性中，對錢，尤指現鈔意義上的錢的特殊情感，也可以算是最突出的特性之一。對這一點，無論猶太人自己，還是其他民族的商人都有覺察。我們先看一則關於猶太人迷戀現金的笑話。

有一位猶太富商，病重臨死之際，把所有的親戚好朋友都叫到了床前，對他們囑託後事，說道：「請把我的財產全部換成現鈔，用這些錢去買一床最高檔的毛毯和一張最豪華的床，然後把餘下的錢放在我的枕頭底下。等我死了，再把這些錢放進我的墳墓，我要帶著這些錢到那個世界上去。」

親友們聽從他的安排，買來了毛毯和床。富商躺在豪華的床上，蓋著柔和的毛毯，凝視著枕邊的金錢，安詳地閉上了雙眼。

遵照他的遺囑，富商留下的那一筆現鈔和他的遺體一起，被放進了棺材。

正在這時，一位朋友趕來與他做最後的告別。朋友一聽說死者的財產都換成了現鈔並按照其遺願放入了棺材之後，立即從自己衣服口袋裡掏出支票本，飛快地寫上金額，撕下來，放入棺材，同時，從棺材中取出所有現金，然後拍拍死者的肩膀，說道：「金額與現金相同，你會滿意的。」

這則笑話，當然包含著對猶太人的某種揶揄，但絕沒有過分。因為這則笑話原本是從猶太人自己調侃自己的笑話演化出來的，而作為原版的那則笑話，挖苦的意味更重，或者反過來，揚揚自得的感覺也越好。

在現實生活中，猶太人中也不乏如此愛現鈔的。十九世紀的南非首富之一，猶太鑽石商巴奈・巴納特就「始終和現金或現金之類的東西打交道，喜歡鑽石、英鎊和紙幣，而不賞識那些被稱為『股票』之類的紙玩意兒。」

還有英國猶太富商，歐洲第三大食品生產和經營集團卡文哈姆公司的老闆詹姆斯・戈德史密斯爵士也迷戀於現鈔：他對售出的東西一般都要求支付現鈔，而購貨時，則往往盡可能用支票支付和採取長期借貸的方式。

如果說在現代社會中，對錢的這種迷戀還不算獨特的話，那麼，兩千多年前的猶太諺語所表達的情感，顯然與許多民族，包括其中的商人的情感，大有不同。

「錢不是罪惡，也不是詛咒；錢會祝福人的。」

「錢會給予我們向神購買禮物的機會。」

「身體的所有部分都依靠心而生存，心則依賴錢包而生。」

錢，斯文點的話，不妨稱為貨幣，也許是人類發明的一個最怪異的東西，歷史上許多民族都對它傾注了某種多少帶點異樣的情感。錢在長時期裡被廣泛看作一種罪惡的或至少接近罪惡的東西。

中世紀基督教社會可以接受物質形態的財富，但錢甚至連帶同錢有關聯的人或活動，卻是卑污的。在傳統社會中，僅僅「銅臭氣」這一個罵人的字眼，就足以解釋為什麼人人愛錢，卻人人怕錢了。

資本主義社會對錢的這種態度所反映出來的，是人類對自己的造物所內在具有的凌駕於人之上的發展趨勢之無意識的反動！

錢是人類生命活動的物化形式由可直接經驗的財富向抽象的資本轉化中的一個至關重要的環節和階段。錢原是人類為了方便交換而發明的媒介，本來只是一種純粹的手段，但在這個過程中，錢卻由於潛在地可以在任何時候交換任何東西或交換任何一種生命活動，而由人們暫時持有的媒介性手段轉變為被追求的目的本身。為他物而存在的東西，現在成了為自身而存在的東西，不可直接消費的東西，現在卻成了人類最高級需求本身。

守財奴的出現，標誌著具體的物質財富已經完成了其抽象化過程。資本的純粹形態開始出現，資本自發積累需要的社會心理基礎已經奠定，只要相關機制一旦建立，資本的增值便可以啟動。僅就此而論，對錢的態度在很大程度上反映出一個社會、一個民族或一種文化的「資本主義合理性」水準。在這一點上，猶太民族起源與歷史遭際無疑起著決定性的作用。

猶太人的長期經商傳統，也使他們不可能鄙視錢，因為儘管錢在別人那裡只是媒介和手段，但在商人那裡，錢永遠是每次商業活動的最終目標，也是其成敗的最終顯示。

猶太人的長期流散，也使他們不可能鄙視錢，因為每當形勢緊張，他們重新踏上出走之路時，錢是最便於他們攜帶的東西，也是他們在流亡時的生存手段。

猶太人的宗教被視為異端身分，也使他們不可能鄙視錢，因為錢沒有氣味沒有色彩，是猶太人在同其他宗教教徒打交道時，唯一不具異端色彩的東西。

猶太人的寄居地位，也使他們不可能鄙視錢，因為他們原來就是用錢才買下了在一個國家中的生存權利。猶太人繳納的人頭稅和其他特別稅，名堂之多、稅額之重，也是絕無僅有的。「猶太人若非自己在財政方面的效用，早就被消滅殆盡了。」這是猶太人與非猶太人之間不多的幾個共識之一。

猶太人的亡國，以致四散分布，也使他們不可能鄙視錢，因為錢是他們相互之間彼此救濟的最方便形式。

所以，錢對猶太人來說，絕不僅止於財富的意義。錢居於生死之間、居於他們生活的中心地位。這樣的錢即使仍未受到崇拜（崇拜錢是不許可的），也必定已具有某種

「準神聖性質」：錢本來就為了應付那些最好不要發生的事件而準備的，錢的存在意味著這些事件的沒有發生，錢越多，也許意味著發生的可能性越小。

所以，賺錢、積錢並不是為了滿足直接的需要，而是為了滿足對這種安全之象徵的需要！至今在猶太人家庭中還有一種習慣，留給子女的財產至少不應該比自己繼承到的財產少，這樣的心願在猶太人家庭中更加強烈。

所有這一切表明，在其他民族對錢還抱有一種莫名的憎惡甚或恐懼之時，猶太人在錢這一方面已經完成文化學而不是經濟學意義上的劃時代的跨越：錢已經成為一種獨立的尺度，一種不以其他尺度為基準，相反可以凌駕於其他尺度之上的尺度。

9．利用法律灰色地帶賺錢

一九六八年前後，由於日本經濟高速發展和外貿順差，日元在西方金融市場上日益堅挺，而美元則日顯疲軟。作為日美兩國經濟狀況之指示器的美元與日元的滙率比值，出現重大變化的時機越來越近了。其重要跡象之一，就是日本的外匯儲備亦即美元儲備越來越多了。

一九七〇年八月，日本的外匯儲備才達三十五億美元，這是日本全體國民戰後二十五年中辛勤工作的累積。可是，從該年十月份起，外匯儲備開始成億成億地向上爬升。先是每月二億，繼之十二月份出現四億美元的盈餘，一九七一年三月出現六億盈餘，五月結餘十二億，八月甚至結餘了四十六億。這八月份一個月的外匯積累，就超過戰後二十五年的總成績，還有餘！

就這樣，在一年的時間裡，日本的外匯儲備由三十五億猛增到一百二十九億，最後達到一百五十億美元。

對此，日本政界、新聞界，還有商界中的大多數人，雖然也感到有些出乎意外，但都陶醉於良好的自我感覺中，盡往好的方面想：「這是日本人勤勞的象徵，因為日本人勤奮工作，才積攢下這麼多的外匯。」

然而，猶太人卻在暗暗好笑，邊笑邊不停地調集一切頭寸，抓緊向日本大量拋售美元。他們知道，日元的升值是遲早的事情，只要日本的外匯儲備超出一百億美元的大關，這個時刻便會來臨。而現在，這個美元對日元匯率的大幅度變化，絕對是一個發大財的機會。因此，有些猶太人甚至向銀行貸款來接收日本拋售的美元，他們預測，即使支付銀行10％的利率，仍然有錢可賺。

對於猶太人的動作，反應遲鈍的日本政府一直弄不明白是怎麼回事，國會只知道辯論這些流入日本的外匯會不會對日本經濟造成危害，一些議員振振有辭地說道：「外國人搞投資，絕對賺不了錢，即使賺了錢，也要納稅。」他們不知道，猶太人對交稅雖然素來認真，但身在海外，根本沒有辦法向日本政府納稅。

不過，日本政治家的這把算盤，也沒有完全打錯。日本有嚴格的外匯管理制度，靠在外匯市場上搞買空賣空式的投機，是不可能的。但是，他們沒有想到，從他們眼裡看過去同樣嚴密的外匯管理制度，從猶太人那邊看過來，卻有一個大漏洞，這就是當時的《外匯預付制度》。

《外匯預付制度》是日本政府在戰後特別需要外匯時期頒佈的。根據此項條例，對於已簽訂出口合同的廠商，政府提前付給外匯讓廠商周轉，以資鼓勵；同時，該條例中還有一條規定，即允許解除合同。

猶太人就是利用外匯預付和解除合同這一手段，堂而皇之的將美元賣進了實行封鎖的日本外匯市場，他們採取的辦法是：

猶太人先與日本出口商簽訂貿易合同，充分利用外匯預付款的規定，將美元折算成日元，付給日本商人。這時，猶太人還談不上賺錢。然後等待時機，等到日元升值，再以解除合同的方式，讓日本商人再把日元折算成美元，還給他們。這一進一出兩次折算，利用了日元升值的差價，便可以穩賺大錢。

日本政府直到外匯儲備達到一百二十九億美元時，才如夢方醒，意識到有中了這種詭計的可能。到八月三十一日才宣布停止「外匯預付」，不過，還留了一個尾巴，允許每天成交一萬美元。到這時，猶太人手中的流動資金差不多也全用上了。

最後，到了外匯儲備達到一百五十億美元時，日本政府不得不宣布日元升值——由三六〇日元兌換一美元，提高到三〇八日元兌換一美元。

這意味著，猶太人向日本每賣出買進一美元，就可以白白賺取五十二日元，贏利率大大超過10%，幾達17%。猶太人事先的估計一點也沒錯。

事後據粗略估計，日本政府這次的損失高達四千五百億日元，平均每個國民要承擔差不多五千日元，其總值相當於日本煙草專賣公司一年的銷售額。其中的大頭是給猶太人賺去的，因為誠如日本商人說的，在世界範圍裡，能如此大規模地調動資金的，唯有猶太人。

從這則實例中，我們不難看出猶太人的經營思路，恰同上述笑話中的情形是一致的。猶太人的成功恰恰在於「倒用」了日本的法律，將日本政府為促進貿易而允許預付款和解除合同的規定，倒轉為爭取預付外匯和解除合同來做一筆純屬虛假的生意。缺乏「倒用法律」的意識和思路的日本政府，只能眼睜睜地看著猶太人客觀上也就是形式上絕對合法地賺去了它主觀上絕對不會認可為合法的利潤。

從這裡我們也不難發現，猶太人作為一個極為理性、極為務實的民族，其有關商業的笑話實在都是一條條的「生意經」，都是對一切願意經商的猶太人的一種專業薰陶。

10．賺錢是最好的報復

一個肥胖的愛爾蘭籍的警官走進了紐約的猶太餐館，老闆西蒙上前接待，只聽得警官問：「猶太人的腦筋為什麼特別好？有什麼訣竅？你可以透露一點嗎？」

這位警官平時一向態度粗魯，西蒙也不想把猶太人的訣竅告訴基督徒，於是，他便說：「猶太人腦筋之所以特別好，乃是每夜吃醋醃鯡魚的關係。」

從這天以後，警官每到六點鐘，就會準時到餐館來吃醋醃鯡魚。

一直到第六個月的某一天，警官進了餐館之後，不去吃醋醃鯡魚，而是鐵板著臉，走到西蒙的跟前，說道：「好啊，你價目單上寫著二毛五分一盤，賣給我的卻是四毛一盤，你把我當傻瓜蛋？」

西蒙一聽，可一點也不慌張，從容地反問道：「我沒有欺騙你吧？醋醃鯡魚已經開始有效果了啊！」

不管對愛爾蘭警官來說，此效果是否等於彼效果，但對老闆西蒙來說，借大賺基督徒傻瓜蛋的錢，來報復他們「態度粗暴」的效果顯然已經達到。

警官真要學猶太人的聰明，就應該學一學這種「報復方式」，還有借偷換概念、答非所問來「合法說謊」的辦法。

猶太人的這則笑話絕不能單單看作笑話，也不能單單看作狹義的生意經，因為它在詼諧的形式下表達了猶太人的報復心態，尤其是猶太人千百年來對付壓迫他們的統治者或教會的最根本的策略。以賺壓迫猶太人、歧視猶太人的人的錢來維繫生存，本來是猶太人的謀生大策略，也是猶太人的報復大策略，因為對那些老想通過強迫猶太人改宗教來滅絕猶太人的基督徒，猶太人成功地生存下來，本身就是一種極好的報復，更何況還是借助他們的錢來成功地生存下來。

對於猶太人的這一基本策略，中世紀羅馬教皇英諾森三世已經有所發覺，他在一二○六年致法蘭克國王的信中就曾驚歎道：「在法蘭克王國，猶太人已變得如此傲慢，以至通過罪惡的高利貸，不僅榨取了高利，而且以利滾利，他們侵吞了教會的財產和基督徒的財產。」

中世紀是如此，二十世紀也是如此，猶太人始終使用著這一根本性策略，區別只在於形式不同而已。

有個日本人曾於一九四九年前後在駐紮於日本的「聯合國總司令部」做業餘翻譯，親眼看到了猶太士兵的「奇人奇事」。

日本人同美軍接觸不久，便發現士兵中有一群奇特的人，他們不是將校，卻擁有女人，成天駕駛著吉普車，四處兜風，過著比將校還奢侈的生活。其他士兵看不起他們，暗中咒罵他們是「猶大」——即出賣耶穌基督的人，但在他們面前卻抬不起頭。

原來這是一群猶太士兵，他們借錢給同事，到了發工資之日，就毫不留情地追討，連本帶利一個子也不能少，要是還不出，則將配給物資做價償還，而這些東西又可以拿到外面黑市上去賣高價。所以，這群士兵腰包都滿滿的。

這位日本人感慨地寫道：「雖然遭蔑視，可猶太士兵卻滿不在乎。不但不垂頭喪氣，反而把錢借給蔑視他們的人，事實上用金錢把他們給征服了。受蔑視而不氣餒，堅強地生活著的猶太人給我以深深的印象，我不知不覺地開始對他們產生好感，不但沒有疏遠他們，反而更接近他們。」

這就是儘管我們在背後十分討厭債權人那副討厭的嘴臉，可在他們面前卻不得不低聲下氣，甚至表現恭敬的樣子——其實你這種心態，他是心知肚明的，可他不在乎，只要賺夠了你的錢，他的目的就已經達到了。

第3章

你的錢就是我的錢

1．令人嘆為觀止的猶太募捐手法

飛機正飛越大西洋，機上引擎突然著火，機長請求每個乘客按照自己的信仰「做些宗教上的事情」。於是，穆斯林朝著麥加跪拜；羅馬天主教徒則低頭祈禱；清教徒唱起了讚美詩；而有個猶太人則是開始向機內的乘客募捐，理由是為防止以後的飛機引擎著火而籌措研究基金。

這麼少的人對這麼多的人募集到這麼多的錢，這是曠古未有的。猶太募捐機器令人歎為觀止，一旦加好潤滑油滿檔運行，無論在國內還是國外，它都足以使競爭對手眼紅不已。它不僅運用了教科書上的每一種募捐技巧，還發明出種種手法來吸取額外的錢。

這些技巧包括從訴諸猶太人最深層的樂善好施本能，到最公然玩世不恭的叫化子似的沿街乞討。它發出各種各樣的語調，從淒愴哀婉到做作的悲傷，利用一切情感收進錢財。著名的猶太作家莫里斯・塞繆爾曾指出，募捐運動的最好寫照是「公益精神、想像出來的善良、獵取名聲、社會壓力、哄騙引誘、職業性圓滑、感情脆弱、猶太忠誠、強行推銷、廣告噱頭和對已被遺忘的虔信的懷舊性附和……所混合而成的大雜燴………教育的努力和對技巧的迷信之間的一場永久的拉鋸戰。」當然，現在這些技巧已十分精致，不過其中的極端手段永遠令人咋舌。

當年大量的捐款都流入了以色列，那麼中東的緊張局勢就是捐贈的催化劑。公開的衝突帶來了慷慨的捐獻。以色列的四次戰爭次次都帶來了潮水般湧入的財富，其中有的是自發性捐獻的，其餘的直截了當地就是靠募捐機器壓榨出來的。

一九七三年在戰爭發生之前，募集到的錢還大大低於前一年水平——只及一九七二年的14%。在戰爭爆發的一週之內，美國猶太人向猶太人聯合募捐會和以色列緊急基金捐獻了一億美元的現金。確實像人們可以預期的那樣，這一年不僅創造了捐款的記錄，而且使年年例行的各種募捐活動的數目也翻了一番。一九七三年中美國人捐獻了四·七七四七億美元，而通過購買債券借給以色列國的錢超過了五·〇二億美元。

洶湧而入的錢中有的來自最平常的地方，有的來自人們最想不到的地方。有一個為募捐而舉行的全國性馬拉松式電視廣播節目，在這一段時間裡面，每小時生產出一百萬美元的捐款。

一個兒童儲蓄銀行送來了十三美元的零票；一個曾是德國公民的猶太人送來了自己一年的損失賠償費；在美國世界棒球聯賽時停放汽車的幾個小夥子，通過汽車看管人送來一百六十美元；一位老年婦女獻出了她所有的錢——三〇·六九美元；一個華爾街經紀人在紐約證券交易所對面的募捐箱裡投入一張一千美元的支票；另一位婦女正準備動身前去度假，便捐獻出她的旅行支票，不去旅行了。

在一九六七年發生的前一次戰爭期間，也出現過同樣的現象：戰爭開始的那天，華爾道夫旅館的一次聚餐會在開始的十五分鐘裡，每分鐘得到一百萬美元的捐款。在這一天芝加哥募集到二百五十萬美元，亞特蘭大募集到一百萬美元以上。在六日戰爭的頭一個星期裡，猶太人聯合募捐會的以色列緊急基金募集到九千萬美元。有些人捐獻的是實物，多數人捐獻證券，有一個人送來了他的二個加油站的契約。

隨著現金和支票一起飛來的還有信函，動人的、同情的、堅定的和滿載祈禱的信件。一個猶太教神學院的教授送來了一張二・三萬美元的支票和一張便條，上面寫著「全給你們了」；一個天主教大學的助理教務長寫道：「我們願以任何方式幫助你們，只要你們覺得可行——回答電話或粘貼郵票。我會心甘情願地奔赴以色列，換下別人去完成其他職責。你們知道，過去，當那六百萬人走進煤氣室的時候，這個世界曾默默旁觀；現在，當幾百萬倖存者被沖入油井的時刻，我絕不會保持沉默。」

當然，戰爭從人性中引發出了最優秀的品質，就像引發出了最惡劣的品質一樣。噴湧而出的金錢和由於敵意而衝動不安的慷慨，正是準備已久、緊密配合的募捐運動的高潮。猶太權力機構並沒有把這樣的運動僅僅看作進行募捐的某種方式，誠然，所有主要的猶太組織的預算都有賴於這股錢的洪流。

如果以為在這種成功裡它們沒有一種既得利益，那真是太天真了。然而，它們把慈善工作同時看作教育和改宗工作：這是使猶太人皈依猶太教，或者至少是把離開了羊欄的猶太人重新虜獲回來的機會。

同美國的其他主要宗教一樣，猶太教眼睜睜地看著禮拜堂吸引教徒做安息日禱告的人數一年不如一年。是否還有13%以上的成年猶太人在正常地、積極地參加猶太會堂，大可懷疑。因此，如果要想有一種共同體的凝聚力的話，就必須採取其他的方式來影響猶太人。

2．慈善事業是猶太社會的紐帶

慈善已經變成了一種紐帶，一個連結中心，它使共同體的存在有了一個會聚點。

一位研究這種現象的學者，曾指出：

募捐常常是猶太人與猶太機構或制度的歸屬關係的唯一媒介。簡單地說，大多數猶太機構的集資人員被期望能幫助籌集為這些制度和服務的保存和改善所必不可少的錢，對猶太機構來說，這些制度和服務代表了猶太人的生存手段；他們還被期望以促進和發展猶太人的認同的方式來籌集資金，這樣，有認同感的猶太人自己就能使猶太民族生存下去。籌款就此成為一種促成猶太人群體的連續性的方式，成為猶太人群體的制度、服務、價值觀念和傳統，並提高了它們改善猶太人生活質量的效力。

如果從一般轉入特殊方式，可以看到，群體與群體之間在如何募集這些數額可觀的資金上採取了不同的指導方針，從按卡唱名到非正式茶話會上的微妙壓力，都在其內。相當數量的錢不是在星期天郊外早餐時募集來的，而是在會議、宴會或社區活動之前用捐款保證這種方式募集來的。保證的金額被看作下限而不是上限。

保羅・朱克曼是一個底特律的商人，也是猶太人聯合募捐會的前任主席和以色列的猶太代辦處的籌款機構負責人。他很強調進行仔細的準備工作，以確保選中的捐款人是有價值的。

「重要的是估計出捐獻人的最高捐款額，」朱克曼說，「在每個城市裡都有一些捐獻和工作的帶頭人，他們不是有多少能力就給多少的。我們必須有勇氣先搞清楚他們到底值多少，然後要求他捐到這個數目。」

獵取這種獵物也有規則，就像其他狩獵活動一樣。要想打到大獵物，最理想的就是組織一支狩獵遠征隊。朱克曼繼續道：「一個人永遠不應該單槍匹馬地去募集一筆大捐款，這是一條公認的原則。要拒絕一個人，特別是一個朋友或鄰居，那再容易不過了。如果兩個或更多的人一起去，這就不是一個猶太人向另一個猶太人索取禮物——這是整個共同體，是猶太民族在這樣做。」

當然槍越多，打到獵物的機會也越多，所以，海外募捐人也常常被請來一起出擊。以色列的部長、俄國叛逃者和猶太名人都被利用來圍捕重要的獵物。這樣，被選中的募捐對象就不知所措了，「如果一個全國的領導人，一個以色列的領導人和一個受人尊敬的當地領導人都去拜訪他的話，完全可以理解為是全世界的猶太人共同體去拜訪他了。」朱克曼如此強調。顯然，要避開這種緊密配合的攻擊是不容易的，而且大多數對象說句心裡話他們也不想避開，因為這些人的光顧是很給人面子的。

猶太募捐組織如此成功的原因在於一個簡單的事實：它們確實在兢兢業業地工作。

由於所有猶太人的財富都是藏而不露的，第一步就要找到那些不引人注目、但又看得見的錢。為了這一目的，猶太人聯合募捐會制定了一個發現「紙上的百萬富翁」計劃。

研究者瀏覽各種公共記錄，從證券買賣的成功、引人注目的商品貿易或數額可觀的金融交易中尋找猶太人募捐對象。一旦挖掘出一個潛在捐款人的勢力、他的朋友和他的合夥人，他們就同他會面，幫他制定去以色列旅行的計劃。

「這個計劃不僅能募集到資金，而且確實使猶太人從那些我們以前沒有掌握的人中突現出來。有過這樣的例子，一些人原先只捐二百美元，後來卻捐了七・五萬美元，有的捐款從五千美元提高到一・五萬美元甚至更多。很清楚，我們在討論這類金額增加時不光談錢，我們還談到改變人的本性，把他看作共同體的寶貴財富。」朱克曼說。

去掉捐款人的匿名性，把他抬高到「共同體的寶貴財富」的地位，可以採取對他大加溢美之辭的辦法，也可以採取安排他一個有聲望的職位這一途徑。朱克曼又說，「如果我們讚譽一個人，給他一個領導職位，我真誠地相信，他就會被賦予了不辜負這一切的責任。」在有些情形中，事情換了一個順序。火候到了，捐款人開始拿出更多的錢，這時候，他就會要求得到人們的承認。

有這麼一個老笑話，說的是一個意志堅定的捐款人，他每年捐獻一千美元，始終不露姓名，當然他的能力不止這一點。最後，他終於被說服捐獻了一萬美元，這時人們再問他是否還打算隱姓埋名。「當然不，」他回答說，「現在我還有什麼可難為情的呢？」匿名是一個未被探明的捐款人的確鑿跡象之一，就像冰山之尖一樣，匿名捐款往往是會把更大尾的魚逼出水面上來的！

3．想方設法要你把口袋的錢掏出來

猶太人募捐機構對商業界的各個部分作了非常透徹的分析。募捐者通過對「自然聯繫」的考察，已經確定了一百多個行業和職業團體。事實上，猶太募捐者是第一個為了錢而對商業部門進行考察的人：從牙科醫生到平價製衣業，每個分工部門都經過了仔細的篦梳，以便找出每年變化中的細微差別。

另一種募捐方法是按卡唱名，這種技術除了猶太人誰也用不好，至少沒有一個地方能用得如此成功。首先需要組織一次表彰宴會或社區重要活動。

舉行活動之前，發起組織要根據自己的研究結果、以前的捐款情況和對來賓的期望，預先準備好一系列保證卡。來賓們對這種局面是很清楚的，完全知道在烤阿拉斯加這種冰淇淋甜餅和尊貴的演講人講話之後，他們就會被叫到名字請求捐獻。一個公共性質的宴會，有一百個或者五百個朋友和商業界同行參加，自然會給人以最大的夥伴壓力。為了不使自己蒙羞受辱，捐款人看來必定會心甘情願地竭其所能。

這種活動儘管是一種愚鈍而極不得體的展覽，但確實募到了這種現代形式的有成就人士的「富豪宴」同其原始形式相比，區別就在於它帶來的結果是積極的，有利於整個共同體的。它不是一種比誰銷毀物品最多的消極儀式，而是一種競爭，公開地表現自己比鄰居們捐獻得多。不管它怎麼成功，它的這個最大優點能否「一俊遮百醜」，掩蓋掉這種大可存疑的手段，看來還有得爭論。

把按卡唱名法發展到高級水平的人是約瑟夫．威倫。他是猶太慈善團體聯合會的顧問。在其五十年的募捐活動中，威倫幫助募集了十億多美元。他捍衛著按卡唱名技術及其社會價值。他說：「按卡唱名法是炫耀性捐獻的標誌。有些人說炫耀性捐獻不好而把這些錢花掉——炫耀性消費卻沒問題。炫耀性善舉比坐在勞斯．萊斯汽車裡兜風有價值得多。」

按卡唱名法的思路最初是在二十年代由勞倫斯．馬克斯提出來的。馬克斯是一家紡織企業，科恩．豪爾．馬克斯公司的總裁。他把這一想法告訴了弗利克斯．沃伯格——

庫恩・洛布公司的合夥人，據說使它獲得了某種社會等級。自問世以來，這一技術一直長盛不衰，今天它仍是猶太慈善事業的主要手段之一。

猶太人聯合募捐會和那些聯盟發起的募捐運動，不是總能捕到最大的魚，因為人們在日常生活中花掉了大量的錢：食品、服裝、房貸、進修、旅遊和種種世俗活動。那些捐獻大戶對基本建設項目更感興趣。發起建造圖書館、實驗室、教室、養老院或者醫院之類的項目，是更帶炫耀性的捐獻。簡而言之，用一個觀察家的話來說，基本建設項目培養出一種「大廈情結」，保證了「現在的聲望和將來的不朽」。

猶太人特別重視教育，使它在一切有組織的慈善活動中保持著高度的優先地位，猶太人聯合募捐會利用這一情感設立了一個資助以色列學校的獨家「俱樂部」——以色列教育基金。自一九六四年以來，該基金主要從美國猶太人那裡募集了數百萬美元，在以色列的新社區建立了一系列把學術和職業教育相結合的學校。該基金的獨家性在於它只尋找最大的捐獻人——它不接受中小金額的捐款。確實，所有少於十萬美元的捐款都被婉言謝絕並介紹給基金的母機構——猶太人聯合募捐會。這樣，它通常接受的捐款在十萬以上到五十萬美元之間。

「猶太人希望為教育捐獻！」埃利澤・希繆利，以色列教育部代理部長、該基金的監督人說道。以色列教育基金利用獨家性這種氣氛和投富翁所好的大規模基本建設項日來培植捐款大戶。這種勢利的募捐呼籲同下述事實聯繫起來看，更是極具諷刺意味：用那位助理部長的話來說，建立這些新社區學校的首要目的是借助「教育來打破社會樊籬」。不管利用以色列教育基金建立的七十九所學校是否完成這一使命，該基金已經為自己在募捐史上贏得了一席之地。

4．猶太人的「什一稅」是什麼？

也許猶太人沒有發明徵稅，這一功績一般都歸於古代埃及人，但他們同樣屬於那些最早徵稅納貢以供養政治和宗教等級的古老文明之列。在整個古代世界，從一個人的財產或產品中收取十分之一，是常見的事情。這些「第一批果實」也許起源於征服者對新的臣民徵收的貢賦，就像他們徵收老居民一樣。

早期希伯來部落必須為自己的玉米地、葡萄園和羊群向國王繳納什一稅。確實，什一稅可以視為國王享有的最早的神聖權利之一。（什一稅不僅是神聖權利的最早顯示，而且還是持續最久的王室貢賦之一：在西歐，什一稅一直延續到一九三六年才在英國為國會的一項法案所廢除。）

第一批果實被帶進了上帝的殿堂，以維持和供養新生的宗教權力機構。這些貢物中有的被放進小房間或牆角的食櫥。這些小房間起名為「靜室」或「禁聲室」，是為窮人儲藏東西的地方——那個時候的食品券中心。捐獻的東西不留姓名地放進那裡，然後被人不留姓名地取走。這些「靜室」比通常合於《聖經》的那種資助窮人的方式，即在收割時留下一小片莊稼讓窮人割去受用，已經進步了。

雖然什一稅不是猶太人的發明，它的起源確實早於猶太教，但希伯來部落在其發展的極早時期便接受了這個觀念。始祖亞伯拉罕把十分之一的收成給耶路撒冷的國王麥基洗德，說是為了彌補被搞髒的水源。以撒也許是第一個把自己所得的十分之一獻出來的猶太人。這種做法在什麼時候變得常見，已無法確定。但這一概念卻獲得了一個希伯來名稱，**Ma'aser**，是asarah（十）的派生詞。

《塔木德》承認了什一稅的作用，對什一稅的應用作了種種限制。十分之一是最小數額的捐獻，而非常慷慨的人可以捐獻高達五分之一，即20%的收入。

經過漫長的歲月，各種規則使徵收什一稅的方法系統化了。不管怎樣，每個猶太人都服從這一條例，因為「不肯慷慨地把自己的十分之一奉獻出來的人，他的祈禱就不能達於天堂。」

不錯，每個人都必須為窮人捐獻，甚至作為受施者的窮人也如此。只有很少的幾種例外情況；如果捐獻會剝奪一個家庭的基本生存資料，那它就不屬於義務；同樣，如果一個沒有父母的年輕姑娘會因為捐獻而使嫁妝低於結婚水平，從而減少結婚機會的話，她也不需要捐獻。什一金如果有多種用途，就應當分開來裝入一個或數個箱子。儘管什一稅和捐獻收入的十分之一通過傳統而相沿成習，但在希伯來語或意第緒語中，似乎沒有一個用於施捨物品的詞。

猶太教從一個不同的觀點來看待資助別人這一問題。按現在的一般理解，施捨產生於基督之愛和男男女女自然的同類之愛。救濟、捐助或遺贈這些現代的應用方式一直到十六或十七世紀才為人們所習以為常。

猶太人的什一稅觀念有另外的起源：不是出於愛而是出於義務，出於一種道德的無上命令。不管其個人是否喜歡和讚賞受施者，猶太人囿於義務才為減輕不幸者的痛苦而捐獻。既然猶太人在歷史上飽受顛沛之苦，捐贈就被制度化了。

「原來那地上的窮人永不斷絕，所以我吩咐你說，總要向你……的弟兄鬆開手……」——《申命記》。

救濟窮人、無助的人、無家可歸的人和乖戾命運的一切犧牲者，是一種宗教義務。這樣做是一種正直的或者說是正義的行為，在意第緒語中就是公義。

「施捨先及親友」，這是一個沒有捐獻什一金的家庭表達其優先權的方式。當然，這句老古話常常是一種搪塞，一種為了什麼也不捐獻而想出來的托詞。

什一金不能用於自己子女的教育，不能給媒人，不能支付給拉比或其他宗教工作人員，也不能用來建造猶太教會堂。一個人自己的親戚可以成為什一金的受益人，但那些把時間都花在研習《聖經》典籍上的人享有優先權。

同什一金相聯繫的最古怪的傳統也許是在贈款前立誓。捐獻人時時不忘創立先例，低聲發誓說，這份贈款不必被當作贈款。

在近一、二代人中，捐款儲罐（放什一金箱子）慢慢消失不見了，同時，猶太人的慈善捐獻行為也經歷了一場革命。

今天猶太國民基金的錫罐，也許在猶太人家庭中已經消失了。但是，猶太人的慈善捐獻卻有了長足的增加，就像用可自由處理的收入的百分比來衡量一樣。募捐方法的成熟發展帶來了猶太共同體的社會和法律變遷。向猶太組織或機構作無保留的饋贈和遺贈是今天的尋常捐獻形式。自覺自願的保證已取代了那個可憐巴巴的小罐子。

到現在為止，向某一慈善事業做出的捐獻許諾在普通法中不具有強制性，雖然在《塔木德》律法中仍有強制性。許諾不是實在的合同，因為錢還沒有易手，還沒有換回物品和服務。如果一個猶太人背棄了向猶太機構或事業許下的諾言，他可以在由拉比組成的宗教法庭上受到指控，但不能在世俗法庭上被起訴，因為這違反了不能讓外人來仲裁宗教事務這條悠久的猶太傳統，違者將被開除教籍。

5．募捐的改革方式

六〇年代出現了擺脫傳統慣例的重大發展，它使一個人立下的保證具有契約性質的效力。這樣，慈善機構就可以依靠年年進行的募捐活動來自我維持，因為由幾隻「大肥貓」或「社會服務大亨」提供大筆捐款的年代已經過去了，長期規劃只有借助有強制力的保證才能收到效果。

強制兌現諾言的法律依據之關鍵，就在募捐技術的核心之中：「一個人是在考慮到別人的保證的情況下做出自己的保證的，這雙方面的保證提供了每一項保證的強制性。」也許這就是以法律語言來描述「夥伴壓力」；它無疑是對社會契約的最現代的解說。所以，保證卡上寫有文字，這樣捐贈人就是在「考慮到」別人的保證的情況下，做出自己的保證的。

一九六九年，有一個密執安人以自己和家庭三個成員的名義，在一個為建造猶太教會堂而發起的募捐運動中，保證捐款二・五萬美元。這個人是會堂建造委員會主席，他的保證起了為捐款數額定調子的作用，因此關係重大。人們心照不宣地認為，凡在任何募捐運動中接受要職的人，都會做出「犧牲性捐贈」。

在這個密執安人的事例中，保證卡從來沒有經過填寫，只在卡上附了一張紙條。於是在這個預期的捐獻人與猶太教會堂之間就出現了意見分歧，後者就這筆保證過的捐款提起訴訟。初級法院的裁決有利於猶太教會堂，但受理上訴的法院卻從技術上推翻了這一裁決：這些卡片沒有經過適當的填寫，而所附的紙條能否被世俗法庭或宗教法庭視為契約，尚未明確。所以，在這上述情境中雖然保證還不具有強制性，但世俗法庭已越來越要求強制兌現對宗教的捐款保證。

在前幾十年中發生的募捐革命不完全是一種猶太現象，而是自十七世紀以來美國募捐活動的新發展。如果把哥倫布在西班牙、法庭上為爭取航海資金而進行的募捐努力計算在內，第一次純粹美國式募捐活動應發生在一六四一年。

那年哈佛大學曾因缺少資金，派三個教士去倫敦募捐，以便該學校在從事其他事務的同時，還能「教育未開化的印地安人」。這些教士旗開得勝，募集了五百英鎊。他們提供不了什麼電影、幻燈、外國名人和來賓發言者等等，但確實給了源源而來的捐獻者中的第一位一本宣傳性的小冊子，上面的題名是「新英格蘭的第一批果實」。最後，這些教士失去了神寵，這次遠程募捐被詆毀為詐騙，其中一個教士在斷頭台上了結了一生。這真是一個不吉利的開端。

十八世紀時，一個教士來找班杰明・富蘭克林這位多才多藝的美國人，請他為建造一所教堂獻計獻財。富蘭克林一上來就抓住了要點，他說：「我建議你先去找所有那些你知道會拿出東西來的人，請他們捐獻；接下來去找那些你拿不準會不會給些東西的人，讓他們看看捐獻者的名單；最後，不要忽視那些你斷定他們什麼也不會給的人，因為其中有些人你可能沒看準。」至於他自己的捐獻，富蘭克林在獻計上要比獻財上大方得多——乾脆拒絕了那位好牧師。

如果說哈佛大學上倫敦募捐是美國第一次系統的募捐嘗試的話，那麼要經過二個世紀之後，這個新世界才開始資助舊世界。十九世紀八〇年代愛爾蘭發生了大饑饉，美國為此向愛爾蘭提供了援助，潮流完全逆轉了。

在美國歷史上，地方上的募捐活動層出不窮，但一直到內戰期間才發動了第一次全國範圍的向公眾募集資金的運動。

從事這項任務的是那個「可疑的」愛國者，杰伊・庫克。他推銷政府債券是為了國家和賺取傭金。不過，猶太慈善團體的全國性募捐活動概念是從英國引進的。在十九世紀八〇年代的利物浦發展形成了以聯合會形式集中募捐的思想。到一八九五年，波士頓成立了一個猶太聯合會，一八九六年在辛辛那提又成立了一個。

美國人的慷慨大方歷來是這個國家的優點之一——從德・托克維爾到邱吉爾，許多外國來訪者都注意到了這一點。傑出的歷史學家阿瑟・M・施萊辛格爵士曾寫道，「民族性格中的這一小小的善心，這種到處存在的睦鄰精神的標誌，很早就出現了，並且……達到了令人難以置信的程度。它是美國生活方式的又一個獨特標誌。」

並不是每個美國人都以贊許或肯定的眼光來看待這些「獨特標誌」的。批評者認為，有組織的慈善活動對於精明人是逃避納稅的竅門，對有權者是極端利己主義的一種特殊手段。

更有甚者，募捐所採用的技術和方法都是製造分裂的、令人困窘的、反社會的、粗魯愚鈍的和施虐——受虐狂性質的。而且在很多情況下，這種募捐活動使應人設事這種官僚機構的曖昧特性得以永久化和制度化。

約翰・史坦貝克下面的這段話，就表現了一部分此類情感——

在我們的那張魚目混珠的美德清單上，最名不符實的也許就是捐贈這種美德。捐贈造就了捐贈者，造就了他凌駕於受贈人之上的優越和高大。捐贈幾乎始終是一種自私的快樂，在許多情況下，它都是一種徹頭徹尾的破壞性的和罪惡的東西。人們只要記住這樣的事實：一些貪得無厭的金融家在一生中三分之二的時間裡都在攫取社會的財產，而在這最後的三分之一時間裡又將財產拱手交了出來。說他們的善舉是一種由於恐懼而做出的賠償，或者說他們撈飽了之後改變了本性，是不夠的。這樣一種本性不會知足，本性也不會隨便改變。在我看來，這兩種行為出於同一種衝動，因為捐贈和攫取可以帶來同一種優越感，慈善可以是另一種精神上的貪婪。

6．利用募捐完成復國計劃

在世紀交替的時候，有組織的猶太慈善事業必須滿足大量東歐移民的迫切需要。猶太人需要基本的社會服務——衛生保健、初等教育、醫院和定居的住房。直到第一次世界大戰，猶太人的慈善活動都局限於美國國內。由西歐移民後裔組成的較早的已確立的共同體（主要以德國為背景，在教派上主要屬於改革派）接濟了東歐來的新移民（大多來自俄國和波蘭，具有正統傳統）。總之，美國猶太人此時還沒有把援助的範圍向海外擴大，除了特殊情形，如援助一九〇三年基什尼夫大饑饉和一九〇五年俄國大饑饉的倖存者之外。

在第一次世界大戰前，海外援助的最大一筆金額為一百六十萬美元，它用於援救一九一二年巴爾幹戰爭中的難民。第一次世界大戰刺激了美國猶太人，因為全世界猶太人中有四分之三居住在交戰各國中，而交戰雙方都明顯仇視猶太人。「像比利時人和塞爾維亞人這樣的不幸民族，只有面前一個敵人，而這幾百萬猶太人卻有兩個敵人——面前一個，背後一個。」

到一九一七年第一次世界大戰停戰，美國猶太人為歐洲和巴勒斯坦猶太人總共募捐了六千三百萬美元。確實，戰爭開始還不到一個月，當時美國駐土耳其的大使亨利・摩根索就打電報給美國猶太人委員會說「巴勒斯坦的猶太人正面臨著一個可怕的危機」。他要求向他們提供五萬美元的援助。該委員會籌集了這筆款子的一半，另一半由一般猶太復國主義事務委員會和大銀行家雅各布・H・希夫提供。

在二十世紀初，慈善運動又回復到資助各種地方事業上來。由美國聯合分配委員會經管的海外援助，移交給了歐洲的猶太人共同體。巴勒斯坦的猶太人收到的援助聊勝於無──僅僅是新誕生的猶太復國主義組織所能募集到的那麼一點點。

在某種意義上，在二十世紀初期的美國猶太人的各種會議中，猶太復國主義者是不受歡迎的人。在大多數情況下，權力機構的大人物和捐款大戶們指揮、控制和支配著主要的猶太機構：美國猶太人委員會、聯合分配委員會、各地的福利基金、猶太聯合會和福利基金聯合會、全國難民服務等等。這些顯要人物被稱為「社會服務大亨」。猶太復國主義者把他們刻劃成「一個龐大的有著連鎖董事會的慈善控股公司」。

他們的利益和可觀的財產是根據國內外傳統的慈善事業來協調的。理念上的巨大差異使他們同猶太復國主義者合不來：他們是同化論者，相信猶太人能夠得到整合，為非猶太人所認可，並在美國的民主制度中發揮作用；他們信奉自由經營的經濟制度、工業主義和商業活動；而且自然地，他們信奉成功，相信自己的觀點是無可指摘的。猶太復國主義同他們格格不入。除了在巴勒斯坦之外，猶太復國主義者極力反對改善猶太人的一般條件，他們有一種救世主式的農村社會主義色彩。

兩者之間還存在著宗教上的差異：「大亨們」大多是猶太教改革派，他們的猶太教信仰只是「意思意思」而已。猶太復國主義者在宗教取向上可能比他們還弱，但對猶太歷史的命定說卻懷著一種執著的信念，猶太復國主義同某種神秘主義相聯繫。這種神秘主義絲毫不能容忍理性的生意人。

在二十世紀的二〇和三〇年代，猶太復國主義者一直試圖悄悄地占據領導地位，執掌決策大權，以便控制「水庫閘門」。他們同「慈善寡頭們」簽訂了「光榮協議」，試圖開展聯合募捐運動，但這些猶太復國主義者又覺得自己正在出賣「猶太復國主義政治理想的純潔性」。另一方面，猶太權力機構覺得「猶太國」未免太具體了——他們喜歡這樣一個民族國家的概念，這個國家不要求民族主權，不要求猶太人占多數或者過大的空間。

一九四一年，美國猶太復國主義組織的前主席路易斯・利普斯基在回顧歷史的時候評論道，「這些有影響的猶太人群體汲汲於美國猶太人的生活始終忠實於孤立主義、同化主義的觀念，他們老是限制猶太人的利益，老是迴避猶太人的認同，老是尋求讓猶太人的生活去適應一種畏懼和虛無心理，這種畏懼和虛無心理是從為猶太人的存在所作的永無休止的辯解中產生出來的。」

在利普斯基之後，還有一位觀察家寫道，各地福利基金的領導人都是獲得成功的商業領袖，似乎商業上的成功就足以推薦他們擔任猶太事務中的領導職位。

在大多數歐洲的猶太人社會中，精神領袖多為研究猶太學問的學者；與此不同，在美國的猶太人共同體中，控制權，尤其是分發慈善資金的權力往往落入那些願意並且能夠通過向當地慈善基金作大筆捐贈而「樹立了榜樣」的人之手。而且，這種財富和權勢寡頭往往缺乏猶太文化教育，或者缺乏猶太人的同情心。

意識形態的衝突一直持續到第二次世界大戰。在這段時間裡（某種程度上甚至到現在也如此）募捐本質上是由寥寥數人包下了給各種事業的大部分捐款。2%的人捐出了捐款總額的一半，這沒有什麼不平常的地方。

顯然，在非猶太復國主義的「肥貓」把持著主要的猶太組織的情況下，猶太復國主義者對於得到公平的一份不抱希望。阿巴・希勒爾・西爾弗拉比這位猶太復國主義領袖和巴勒斯坦聯合募捐會的領導人寫道：

美國猶太人寧可聽從他們的那些從事慈善事業的無所不知、一貫正確的良師益友，後者勸說他們把所有的援助都給予東歐和中歐國家的猶太人，而只給那些不切實際的理想主義者在巴勒斯坦的空想計劃一些菲薄的施捨。他們辯解說，一個人必須現實一些——而在這個世界上還有比一個成功了的銀行家或經紀人更大的現實主義者嗎？誰能對他的不會錯的判斷提出質疑？

二十世紀三〇年代後期，戰爭風暴驟起，中歐國家爆發了反猶太主義浪潮，奧地利為德國侵占，英國對巴勒斯坦的猶太移民採取了嚴厲態度，所有這一切都要求加強對巴勒斯坦的援助。一九三九年，新改組的猶太人聯合募捐會在給其更多的支持和更高的地位之外，還從募捐所得中提取更多的錢給猶太復國主義者。

只要猶太人的生存還處在威脅之下，就得把錢捏得牢牢的。一九四〇年猶太人聯合募捐會募到了一千四百萬美元，其中三百萬美元用於猶太復國主義事業。此後的每一年，猶太復國主義的資金都有戲劇性的增長，直到一九四八年以色列建國完成為止。

這種情形同猶太復國主義運動的早期歷史對照起來看，能給人以深刻的印象。在一九〇一年到一九二九年間，從美國送往巴勒斯坦的錢為一千四百萬美元，一九三〇年到一九三九年間為八百萬美元；而在一九三九年到一九四八年間卻達到二億美元以上。

這些由猶太復國主義者募集來的前以色列基金不僅本身給人以深刻印象，就是同其他募捐活動的成果相比也令人難忘。誠然，類比並不真正恰當，因為猶太復國主義事業完全不同於一個醫學課題，一所大學，一所醫院，一個文化中心，甚或一項宗教事業。猶太復國主義是一個自在的實體。不過，它的確使人對猶太人聯合募捐會有了一個概念，一九四八那年它所募集的錢比美國紅十字會募集到的多出四倍。

7．猶太人有樂善好施的傳統

有一個觀察猶太人活動全景的人評論說，猶太人具有一種「樂善好施的傳統」。這句話或許也可以用於一般美國人：他們送掉的錢差不多同美國各公司發放的紅利一樣多。即使在最近一次經濟衰退的中期，一九八〇年和八一年，美國人每年還要送掉五四〇億美元。籌集五四〇億美元不是一件小事情，特別在一個世界範圍的商業衰退、能源危機、全球性通貨膨脹、高失業和經濟全面不穩定的時期，更其如此。大部分慈善捐款來自個人（79％），其次是遺贈（8％）和基金會（8％），兩者幾乎是並列的，其餘的來自公司。

宗教是慈善捐獻的主要受捐者，這類捐款占總額的43％，而且差不多都來自個人。

上教堂參加儀式的人日益減少，現在五個成年人中只有二個還能正常出席這類儀式，但宗教捐款在前十年中卻翻了一番。排在宗教之後的，依次為衛生和醫院，教育，社會福利，以及藝術和人文學科。

猶太教會在二十世紀七〇年代收到的捐款如果按人均計算，一個猶太人一年只捐了三十美元。這個數字使猶太人在宗教慈善事業方面排在了末位——這是一種反常，因為作為一個群體，猶太人比其他群體更大方。猶太人的慷慨並非徒有其名，只因為許多捐款投入了諸如社會服務和資助以色列等非宗教用途，才把這幅慈善圖景搞亂了。

如果把猶太人所有的捐獻彙總起來，這些數字就全然不同、十分可畏了。不過有一點還是不假的，即從嚴格的宗教意義上來說，猶太人沒有把供養教會的人們放在十分優先的地位。確實，這是猶太人的一個痛處。有不少批評者認為以色列從美國國內的猶太世界中拿走的錢太多了。

「聖約之子」的前主席，菲利普・M・克盧茨尼克這樣評論道：「在典型的散亡共同體中，許多地方級教育機構是以古代方法論和飢餓預算來維持的。它們的要求無論多麼合情合理，也無法同以色列總理向四十或五十位大富翁提出的充滿誠意、使人深感其真摯的要求相抗衡，這些富翁們同該國的一些迫切需要已經有了利害關係。」

事實上，自一九六七年以來一直存在著某種安排，從資金上凍結了以色列境外的新工程。換言之，爭取優先權的鬥爭仍在繼續。在二〇和三〇年代猶太復國主義者幾乎沒有取得什麼進展，到四〇年代，他們使這一領域完全改觀，並從此一直支配著猶太人的募捐活動。只要猶太國受到威脅，不管這種威脅是現實的還是想像出來的，猶太人的援助就可能在很大程度上以以色列的願望為轉移。其結果是在美國募集的猶太錢有四分之三流到了海外。

美國猶太人的支持和以色列國的危急程度緊密相關，這已算不上什麼新聞。舉例來說，以色列債券的銷售在一九五六年的西奈山募捐運動中猛增了27%，在一九六七年的六日戰爭後猛增了140%，而在贖罪日戰爭之後猛增了86%。

在共同體募捐運動中也可以看到捐款額的類似增長，雖然募集的錢只有一部分最終用來支持以色列的各個組織。在這些時刻，那銘刻在猶太人集體心靈上的對「最後解決」的無法擺脫的恐懼，喚起了他們的猶太意識。一九五六年猶太人共同體的募捐運動所籌集的資金上升了18%，但意義更為重大的是，它扭轉了自一九四八年，即以色列誕生那年的高峰以來捐款額下降的趨勢。此後，捐款額一直保持相對穩定。一九六七年的戰爭不僅使正常的募捐活動活躍起來，而且使一些單獨進行的緊急募捐活動也募集到人量資金並超過了通常的募捐運動。這種「緊急」努力如此成功，以致它在公開的緊急狀態過去後，竟被永久地保持下來。以色列緊急基金就是某種非常稅——各種組織和機關都醉心於它的有益效果而抱著不放。

8．募捐聯合會的功能

不看運動員登記卡，你就分不清一個個棒球球員；同樣，不知道猶太組織的縮寫或起首字母縮略語，你對它們也分辨不清。三個猶太人組成四個政黨，這句古諺在猶太世界的官方和非官方結構中比其他任何地方都更有真實性。枝枒交錯這個詞看上去可以用來稱呼這套玩意兒，因為那裡似乎有無窮無盡的全國性組織。這些組織並非個個都在籌錢——只是看似在籌錢而已。在這數量龐大的人群、時間和金錢中，交疊、重複和純粹浪費達到了怎樣的程度，你盡可以隨意猜想；除非出現預算危機，這些都會不留痕跡地過去，而這種危機還沒有在地平線上露面。

聯合會和福利基金發起的籌款運動為猶太權力機構的維持和它的附屬機構的運行提供了大量資金。單獨的募捐運動則是為了籌措基本建設費用和設立贈款基金，它通常與當地的機構掛鉤。一個組織要想分享聯合會的好處就不得從事獨立的募捐活動。

不過，一個城市中的二百個聯合會有各不同的指導方針，其需要也因地而異。每個聯合會都自行決定自己的資金使用——多少交給猶太人聯合募捐會，又有多少用於本地的醫院、社區中心、老人之家和地方學校。這樣，又出現了許多補充性籌款活動，其中有些是由聯合會發起的，而有些則由本地機構獨家進行。除此之外，還有為諸如哈達薩、希伯來大學、布蘭代斯大學、希望之城和全國猶太醫院等全國性和國際性事業而進行的獨立募捐運動。

在籌款者的心目中，紐約市占有特殊的位置：這裡有如此之多聚斂起來的財富，以至互不相干的機構都可以舉行自己的募捐運動。紐約猶太慈善團體聯合會和紐約猶太人聯合募捐會有其與眾不同的募捐運動。紐約也是一個造成挫折的地方，因為同克利夫蘭和洛杉磯不一樣，從籌款的角度來看，紐約市組織得不好。這個城市除了確實富庶之外，還有相當多的猶太貧民，並不完全是一個遍地黃金的地方。

在克利夫蘭，每五個猶太家庭中有四個在聯合會發起的募捐運動中捐款。而在紐約，每四個家庭中只有一個捐款。然而同時，紐約的猶太人聯合募捐會在一九七三年收到八百六十四筆一萬美元的捐款，這就是說，整整一半的募捐所得來自不到1%的捐款人。同其他城市相比，紐約不光捐獻的人少，而且每個家庭的平均捐款額也低於全國的一半。毫無疑問，後面這種情形是因為大家都搶著擠「紐約母牛」的奶而造成的。紐約已經成為全國徵稅最重的大城市，因此出現了報酬遞減現象。然而，在美國其他地方你收不到那為數不多的幾筆五百萬美元的贈禮和那一小批一百萬美元的捐款。

猶太人共同體的捐款中的最大部分為聯合會與福利基金和以色列緊急基金所得，而這不過是所謂「猶太國民生產總值」的一部分。確實，猶太國民生產總值從總體上簡潔地反映出為所有猶太社區服務而籌集的資金的來源。把某些基本建設項目排除掉之後，收支大致上是平衡的。

舉例來說，一九七八年的募捐所得為四・七五億美元，而分配給各種各樣機構的數字是四億。差額是由於捐款回縮（有些人作了捐款保證但沒有實際捐款）以及用於發起募捐運動的工作費用而形成的。一九一四年福利基金收到的捐款為創記錄的六・六億美元，以後就開始下降。據估算，一九一六年猶太機構的總收入達二十八億美元。

9．發行債券的獨特手法

同募捐活動相比，推銷以色列債券的活動給人的印象稍弱了一些。這種債券面向那些不願或不能將錢施捨出來的人。在美國，一切捐贈都可以享受稅收優惠，稅法允許個人向「宗教、慈善，科學、文學或教育」等非贏利組織捐贈。捐贈金額可以從應徵稅收入中扣除。這種扣除減輕了捐贈帶來的痛苦。

因為一個人如果屬33％稅率等級，就會發現每捐獻一美元只花了他六十七美分；而如果屬於50％的稅率等級，這一美元只相當五十美分。此外，如果一個納稅人捐獻了升值的財產，通常為債券，還可以進一步獲得減稅，因為這筆升值的財產從他的應徵稅部分中扣除了，他就不用支付升值帶來的資本增益稅。

不過債券本身享受不到什麼稅收優惠。購買以色列債券的美國人必須為收到的利息付稅，同時還必須申報資本的損益。有些人捐獻債券作為原先答應的捐款，這樣，如果受捐者是非贏利機構的話，捐獻人就有資格享受減稅待遇。

發行以色列債券這個主意最初是由已故的亨利·蒙特，美國歷史上猶太籌款人中的領袖人物；薩姆·羅思伯格、以色列債券在美國的業務總負責人；大衛·班古里安和果爾達・梅爾這些人集體想出來的。班古里安於一九五〇年九月在耶路撒冷召集了一次會議，為以色列尋找不同於平常慈善渠道的籌款方式。在以色列國成立之後，募捐活動看上去很可能一落千丈。怎樣才能讓人們「再來一個」呢？

最初的時候，發行以色列債券的想法似乎有點突兀，華爾街完全不予贊同，也不願參與其中。金融界對以色列債券不抱很大的期望，認為只要達到一千萬美元的發售額就算是成功的了。

「華爾街不能理解猶太人及其同以色列的簡單關係。」一位觀察家說道。在發行債券的第一年，一九五一年，以色列債券的息票是3.5%，這雖然不足以把月球上的錢吸過來，但相對來說，也算過得去。第一年的銷售額達到五二六〇萬美元，大大超過了華爾街的預期。猶太人買著這些公債——其中許多人確信自己永遠不會收回這筆資金——雖然連作為報答的表彰性牆飾也沒拿到一個。

最初幾次公債發行的成功，使以色列在金融圈子裡有了較為有利的地位，使它比較容易借到錢，因為銀行總喜歡借錢給那些已經借了錢的個人和國家。以色列債券從來不通過尋常方式發行，也就是說不是通過證券包銷銀行集團，即由投資銀行組成的辛迪加來發行，而是直接賣給猶太人。這裡，感情遠遠壓倒了收益、風險和可轉讓性。

從這一點來看，買以色列債券似乎不像一種貨幣投資。畢竟以色列處在強烈的敵意的包圍之中，它在軍事上是脆弱的，在自然資源上是有限的，它的經濟要承受沉重的稅收負擔，風險很大，而它的國際收支永遠處於逆差之中。如果把信托銀行的「謹慎者規則」（既考慮收益的可能，也考慮資本安全的可能）應用在這裡的話，以色列債券就不大可能過關。而且把這種債券同其他債務證券相比，也看不出很大的吸引力。除了地方市場之外，在當時那個通貨膨脹時期，美國政府債券的收益為12％到14％，存款單、商業證券、信用證的收益率與之相仿；而投資等級的公司債券的息票為12％到15％，它們的受益比「有效利率約為每年4％，半年複利」的「重建和開發債券」高出二至三位。

然而，以色列債券確實走俏，因為它有一個最大的優點：這些賣給個人的債券雖然只具有有限的可轉讓性，並且只有到期才能兌換，但在以色列卻可以作為旅遊者支付費用的合法貨幣，也可以作為贈款捐給以色列的機構。這些債券可用以色列貨幣謝克爾來償付，而過去幾年中謝克爾對美元的比值大幅度下降，所以，這也是一個很大的刺激。

以色列國家完全控制著這種債券，這同猶太人聯合募捐會的資金不同，後者要受到募集資金的美國機構的部分控制。債券資金的將近一半用於住宅建設，接下來是社區設施如學校和醫院等，份額占第三位的是電信。債券資金的，餘額用於國家的基本設施，如道路、港口發展、水利和農業。

在發行債券的前二十七年（一九五一～一九七八）中，以色列共發售了四十二億美元的債券，已贖回其中的十五億美元。大約二百萬人買了這種債券，另外加上幾十個機構，諸如銀行、基金會和年金基金會等。任何人只要買了二・五萬美元的以色列債券，就有資格成為「總理俱樂部」的成員。那是社會地位象徵！

10・未來的展望

猶太人慈善之泉可能永遠不會乾涸，但美國的燦爛星空中存在的一系列經濟事實，給猶太人提供的資助的大幅度增長打上了問號以美國的經濟並不處於最健康的狀態。一次接一次的衰退不僅使工業產量大大低於潛在的能力，還形成了寶塔形的債務和赤字結構，對此美國人正窮於應付。

大多數美國猶太人共同體同普通美國人一樣，正發現自己的所得和資源已被搾乾，他們自身的優先權迫切要求得到重新確定。募捐籌款者要想把公民同其猶太金幣分離，將不得不發明新的招數了。

第4章

猶太人是天生律師性格的民族

1．天生律師性格的民族

「去請一個猶太律師，他會幫你擺脫的！」這種說法既是對猶太律師的才能和進取心的讚頌，也不乏對他們的影響力以及旁門左道（雖不特別出格但也有點詭秘的手腕）的弦外之音。

在這兩層意義上，它都表明了非猶太人律師所不可與之匹敵的威力和能力。猶太律師不僅僅幫你擺脫，在看上去連一絲希望都沒有的情境中，他還能取得不可想像的結果。這種關於猶太律師神通廣大的先入為主之見，雖不是他們自己人所渲染出來的，可是，大致上來說，其他律師也沒有提出異議。

美國的律師職業最初是很不起眼的，早期殖民者膽大妄為，以為自己沒有法律也可以過日子。有個作者加布里埃爾‧托馬斯，於一六九〇年寫道，「對於律師和醫生，我就不談了，因為這個國家是非常平靜和健康的。但願它一直如此，永遠不要有用到前者的舌頭後者的筆的機會——它們對人的財產和生命同樣都是毀滅性的。」

當然，現在已經完全不是那麼一回事了。今天沒有聽取律師的意見就同人握手差不多已經成了一種輕率行為，而半數以上的國會議員都是律師。確實，律師在二十世紀的最後二十五年中可能成為不斷增長的行業之一。

律師在某種意義上，是猶太人稱為家傳手藝的職業。無論在資本主義、社會主義還是共產主義的社會中，猶太律師都業務興隆。不久之前，莫斯科的律師中有一半是猶太人。以色列的律師多得泛濫，世界上沒有任何其他國家能比得上它：每四〇五個人中就有一個律師。相比之下，日本是每一萬公民中只有一個律師。如果說美國已經開始感受到律師泛濫成災的話，猶太律師卻能夠興旺發達，其原因在於他們有一種信奉律法的宗教，也許還有就是他們毫不理會那種律師成災的現象。

按照法學家杰羅爾德·奧爾巴克的看法，美國律師人數的增長是對「我們的消費性個人主義、毫不留情的好爭訟，以及毫不調和的異質性」的一種反應。

也許猶太法的創立和發展也起因於相類似的條件，因為這種律法不僅起著聯絡各部落的作用，而且在三千年的歷史進程中，它還必須同散亡時期形形式式的社會和眾多的經濟體制進行抗爭。而《聖經》中的戒律及其注解、法典、規定和祈禱文的彙編，構成了猶太法的核心——一個法律實體發展形成了，卻沒有造福於一個正式的政治國家。

無論過去還是現在，使一個猶太人成其為猶太人的，正是這種對猶太法的宗奉，是它給了猶太人以族類的身分。這個法規定著他們行為的一切方面，引出了無窮的詮釋。

這種《塔木德》式的詭辯，自然使拉比同時成為爭端雙方的代言人：在整個猶太史的大部分時間裡，拉比就是律師。

自從亞伯拉罕向上帝挑戰以來，猶太人就一直對專斷的權威存有疑問。作為「世界上對不公正感的最大的鑒賞家」，猶太人形成了這樣一種觀念，就是為了讓公正取勝，人們必須介入裁決過程。主張一種神聖力量頒發最高命令的觀念，被主張一個同其子民訂有協議的上帝的概念取代了。這是一個革命性的神學概念，它以後成了一條革命件的政治信條。

2．律師是發言人也是商人

在早期殖民者的法律活動中，猶太人幾乎沒起什麼作用。殖民時期確實不需要律師。當時喬治亞的托管人拒絕接納「蘭姆酒和律師」，因為它們都「對自身的利益持不公正的態度」。

在英國人管理期間有過兩個猶太人擔任兼理一般司法事務的地方官。但第一個美國猶太律師是摩西・萊維，一七七八年，費城律師界接納了他。萊維畢業於賓夕法尼亞大學，深得人們的器重，傑弗遜總統曾考慮請他就任美國檢查總長一職。在十九世紀，猶太人中雖有研習法律的，但為數甚少。

美國猶太律師在二十世紀興盛起來。有些理論家提出，猶太人法學畢業生雨後春筍般地湧現的原因之一，是猶太人對法律的自然親近性。它來自於猶太人對聖典和律法的不懈的鑽研。由宗教向世俗轉變，以現世的問題來替換來世的問題，是不難辦到的。然而，在《塔木德》式的學者中固然有些人可能成了律師，但大多數人並沒有成為律師。這種想當然的由鑽研宗教律法轉變為填寫合同和商定抵押的說法，不免有些牽強。另一種理論認為，猶太人在本性上就比非猶太人好爭訟。但這不過是看來如此，並非事實如此。沒有一個社會科學家已找到這樣一種。好鬥性比值——除非誰發明一個出來——能證實上述判斷。

猶太人之所以湧入律師職業，也許同他們的氣質和傳統有很大的關係。首先，對第一代或者第二代猶太人來說，當律師是一種為人尊重的謀生方式。吃法律飯不僅錢掙得多，還獲得了一種獨立的存在方式。它依托的是能力而不是關係，是業績而不是年資。其次，它符合猶太人對學術性反思的偏好。計劃、鑽研、對法律的尊重、動腦筋和延遲的滿足——這些都是猶太人借以謀生或能夠適應的特質。第三，律師職業對猶太人還有一種強烈的哲學上的吸引力。作為千餘年中的二等公民，猶太人更加意識到自己的大部分權利和天賦特權，特別意識到這些權利的被剝奪。猶太人的合法權利得不到承認，他們的財產被無償沒收、他們的契約被取消、他們的貸款被延期償付，這一切構成了猶太史的一部分。它不可避免地使猶太人共同體形成了對一切形式的不公正的過敏症。

對猶太人來說，除了學會把這些一直用來剝奪他們平等和人性的制度掌握在自己的手中，以便為失去的權利而抗爭之外，難道還有什麼更其自然的辦法嗎？

如果說這就是猶太人的辦法的話，那麼還可以再問一下，為什麼猶太人沒有在歷史上更早的時期就以律師為業？確實，猶太人的歷史充滿了被出賣、被歧視、契約被否認、權利被剝奪和對他們許下的種種諾言被背棄之類的事情。

為什麼猶太人只到相對來說的不久之前，才把律師職業作為一種防衛的形式和報應的。工具呢？原因也許有兩個：作為猶太人的辯護人的，在現代史的初期是拉比和知識分子，而在現代史的近期則是那些重要的商人。

在十四、十五和十六世紀，辯論不是在法律層次上而是在神學層次上展開的。隨著異端裁判的火堆的熄滅和宗教問題的地位的逐漸下降，猶太人共同體在某種程度上是從一些主要的猶太人和金融家，即十七和十九世紀的宮廷猶太人那裡得到保護的。

簡單地說，猶太人的辯護人不是狹義的律師，而是宗教發言人或重要的商人。而且，在啟蒙時期之前，西方法律大多維護國王和國家，等級和階級的權利。個人權利是在以後才逐漸形成的，同時，猶太人也需要一段時間，才能利用自己所獲得的政治上和法律上的解放。

3．為什麼這個行業會吸引猶太人

猶太人被律師職業所吸引的原因，還有另一個重要方面。偶像破壞是一個古老的猶太特徵，確實，它可能是首要的猶太特質。毀壞偶像始於亞伯拉罕和摩西，而在世俗世界中，直到今日還由馬克思、佛洛依德和愛因斯坦在繼續著。在後面這幾個時期中，偶像即是那些僵硬的和無感覺的觀點、概念，意識形態、傳統和習俗。所以，猶太律師出現在變遷和改革的前沿是不足為奇的。

顯然，現代律師職業有權利和義務同時作為訴訟雙方，原告和被告的代表。所以，在兩個營壘中都可以找到猶太律師。不過，他們的大部分活動都是反對現狀的。無論在建構一種全新的商業安排，為公民自由做出新的開拓，還是在行使公民天賦權利方面，猶太律師總是直面龐然大物似的政府、官僚機構和大企業、大公司，為個體自由和個人權利而辯護。

最後，猶太人還有一種強烈的道德感和進行教化的激情。從《聖經》時期以來，他們一直以律法的民族著稱——以其他民族的挫折和失敗來進行說教、傳授學問，有時還借以抬高自己。這種對「沒有律法的低級品種」的倨傲態度，一直給他們帶來無盡的衝突和敵意。著名的猶太教歷史學專家馬克斯・戴蒙特指出他們：

生來就是一個頤指氣使、愛管閑事的民族，無時無刻不在教訓這個世界什麼是正當的、什麼是不正當的。從摩西以來，猶太人就揮舞著道德的大棒，高喊著：汝不應逼女為娼，汝不應作雞姦，汝不應殺人、偷盜、作偽證。他們嘲笑雞姦這種異教徒的婚戲，稱之為獸行。他們把以美學為名殺死醜陋兒童的希臘習俗斥之為謀殺。他們揭露獻身於宗教的妓女，說它是道德的淪喪。他們拒斥君權神授和酷刑合法的觀點。他們系統地建立了世界上第一個不准非法搜查的法律，而且給予被控告者以與控告者對質的權利。摩西十誡作為一面大旗高舉著，猶太人穿過一個又一個世紀，大步行進，就好像自己是征服者而不是被征服者。

雖然在前兩代人中出現過一次真正的猶太律師的爆炸，其原因並不在於當時對猶太律師出現了什麼異乎尋常的需求。事實上，立法機構看來也同樣持有美國社會的基礎部分的某些偏見和敵意。這種同樣愚昧的態度表明，律師職業並不是逃避反猶主義的安全之地；或者就這點而論，也不是躲避其他形式的族類偏執行為的地方。這也許並不令人震驚，在一個標榜平等和公平待遇的社會裡，法官們卻沒有身體力行他們高貴的職份。這些出類拔萃的大律師們在其他方面都已見多識廣，但對社會動力、人際關係和個人事業心卻顯示出一種絕對原始的理解。

哈倫・斯通，一位未來的美國最高法院的首席大法官，為猶太人潮水般地湧入他的職業領域而大驚失色，因為他們「展示了湧向以熟記為方法的研究領域的種種社會趨勢。」而且，猶太人還展現出「一種幾乎是東方式的頭腦，它在無任何控制規則或推理的情況下，能精確地重現這一學科的種種細節。」

美國律師協會族類委員會主席亨利・S・德林克的如下評論把一本散亂的判例彙編中的全部敏感之處都蒐集到一起來了：「在俄羅斯猶太人居住區內長大的猶太男孩，只不過仿效著他們的父親在銷售鞋帶和其他商品時所用的方法而已。」

諸如此類的情感，在那些屬於精英的律師事務所中曾十分普遍。約瑟夫・M・普羅斯考爾曾描述過他在世紀交替時期所經受的就業挫折。「我要不了幾天就發現，在一八九九年，對於一個年輕的猶太律師來說，紐約大多數律師事務所的大門都是緊閉的，例外的情況少得可憐。自那以後五十年過去了，我高興地記下了這方面出現的明顯改進。當然，一般來說，猶太學生要想得到這些事務所的聘用，需要兩倍的資格，這一點直到現在依然如故。」

法律界的既成體制所採取的這種排斥猶太人的手法現在已經用得不多了，尤其是近一、二十年之中，但是，也沒有完全消失，名牌大學法學院的猶太人報名人數已有很大的增長。在大的法律事務所中，猶太人的人數也有成倍的增長。在二十世紀六〇年代，費城的法律事務所的猶太雇員人數增加了一倍。一九六一年對特拉華山華山谷的十四所法律事務所的調查發現，在五〇二個律師中有三十五個是猶太人。這些事務所中有一半沒有猶太律師。一九六九年對同一範圍的第二次調查發現，猶太雇員的數目差不多增長了二倍，而且只剩一個事務所沒有雇用猶太人。在合夥人層次，有七個事務所還沒有猶太合夥人。

4．猶太律師還是會受到歧視

在六〇年代後期，哈佛法學院的人員安置辦公室的一位女發言人稱，「毫無疑問，猶太男學生要得到就業機會不如非猶太人男學生那樣快。同安置辦公室有聯繫的法律事務所，大多採取一種盎格魯—撒克遜式的保守樣式。」不過在當時，歧視性做法與其說是主動的還不如說是被動的。她繼續說道，「在大多數情況下，對猶太人的歧視性做法不是主動而是相當被動的，即猶太人不管怎麼樣也要比非猶太人同學晚得到聘用的機會。」《耶魯法學雜誌》的一篇報導證實了她的說法，該文注意到「在獲得良好工作和自己所願的工作方面，非猶太人學生要比猶太學生成功。對中低級法學院的學生來說，尤其如此。」

這一切理所當然地要反映到他們的掙錢能力上來。猶太律師得到的報酬不比非猶太人的同事少，但他們往往進不了收益高的事務所。

申請進法學院就學的年輕猶太學生對工作機會、升遷和報酬的期望，與他們的基督徒同伴大致相同。在人生的這個時期，他們還沒有同這個現實的世界打過交道，或者至少他們對這個世界的認識，還是從父母或高年級同學那裡來的。

總而言之，主要的法學院現在在招生方面已不存在歧視。對四所典型的法學院，即二所東部名牌大學，一所天主教的大學和一所本地大學的一項調查分析表明，平均來說，這些學校學生總人數的47%為猶太人。入學方面已經沒有什麼問題，學生卻在往後形成一種「有分寸的反應」，來對付他們所看到的職業歧視。在畢業時只有45%的猶太學生找到了有保障的工作，而55%的天主教徒學生和65%的基督教徒學生獲得了聘用。

這種情況被理解為那些有聲望的、人和從哪些法學院招收人員。因此，從名牌大學法學院畢業的、為老牌的、得到公認的法律事務所雇用的猶太人申請者人數，是其他群體所不能相比的。而且受雇於這些法律事務所的猶太人中沒有一個畢業於非名牌大學。

根據這一背景就不難理解，猶太律師何以特別喜歡自己開業或同其他猶太人合夥開設自己的律師事務所。大的律師事務所盡管其中或許有些猶太合夥人，卻不能認為它原先就有猶太傾向。華爾街的法律事務所中沒有一個被看作是猶太人的事務所，雖然有一、二個差不多同樣規模和同樣進行證券業務的猶太人事務所。既然最大的法律事務所不願被人認為是猶太人的事務所，而寧可被看作政治上保守的、社會上認可的、由男性支配的、盎格魯—撒克遜種白人的法人權力彙集之處，那麼它們自然知道應該吸收多少猶太合夥人。因此，這些事務所中有許多都設定了一個「傾覆點」，這是一條它們不會跨越的長線。如果超越了這個傾覆點，事務所在客戶們的眼中的形象就混亂而模糊了。所以這些事務所裡可以有幾個優秀的猶太合夥人，但他們的升遷卻受到了控制。

這種方針和「要麼升遷，要麼出去」的方針，即，經過六到十年的工作，或者升為合夥人，或者請你另謀高就，雙管齊下，使得這些有聲望的法律事務所還沒有被可能潮水般湧來的年輕猶太律師的工作申請書所淹沒。

在各種法律職位或同法律相關的職位上，都可以找到猶太律師，諸如法學教師、公司法律顧問；州和聯邦的制訂規章的機構、政府的立法部門和公眾利益法律中心裡也都有猶太律師。然而，大多數猶太律師還是選擇了自己開業或同其他人合夥開業、從事一般業務的方式。這不僅是一個避免歧視的問題，因為最近的聯邦立法（一九六四年民權法案中的「平等就業機會」條款以及一九七二年的修正案）進一步禁止工作歧視——誰還能比律師更懂法律？不如說這是一個複雜的心理和文化現象：猶太人因其在歷史上就是受孤立的和不合規的，他們在從事律師業務時也要找一個特殊的位置。

從根本上來說，猶太律師代表了個體同形形色色的力量的鬥爭，這些力量或者共同壓制個體或者無意中把個體踩在了腳下。作為某種收取報酬的廉政官員，猶太律師幫助無權者奮起同強權者抗爭。猶太律師出現在一切法律專業的崗位上，但他們對現代法律的獨特貢獻體現在這樣兩個方面：人身傷害訴訟和股東訴訟。

「這些都是猶太律師擅長的領域，在那裡他們真正賺了錢，而且是堂堂正正地賺的。」亞瑟・格林伯格說道。他是一家辦理人身傷害訴訟的律師事務所的合夥人，該事務所規模不大但收益不錯。

5・偏見讓猶太律師走上專業

在位於南曼哈頓的伍爾沃思大樓裡的猶太律師，人數也許超過一個中等城市裡的律師。一九一三年這幢摩天大廈竣工之時，是紐約最高的建築物，共六十層樓二四〇公尺。它離紐約市的法律中心區域：市政廳，都市大廈，州和市的各個機關，還有福里廣場四周的法院，只有一箭之遙。

在金碧輝煌的仿哥特式門廳裡，律師們川流不息地來來往往，不是挾著發亮的公文包就是挾著破碎的棕色馬尼拉紙的信封，有時是同時挾著這兩樣東西。二三三號再也不是大樓剛建成時那樣的一個令人難忘的地址了，當年威爾遜總統在白宮輕輕一按，整幢大樓的八六〇〇〇盞燈就一起大放光明。不過同新澤西州和布魯克林相比，這裡的辦公室還算寬敞。戈德法布吟和格林伯格的事務所六〇年代就在這幢大樓裡辦公，當時他們第一次合夥建立了一個以人身傷害訴訟為專業的出庭律師事務所。戈德法布和格林伯格兩人都曾為這一領域中的兩位老大師工作過並同其共過事。

格林伯格說：「人身傷害訴訟這一領域在四〇和五〇年代得到了真正的大發展。這個法律領域是由十多個律師開創的，其中大多數是猶太人。這些律師中大部分人沒有顯赫的背景，不是從東部名牌大學法學院畢業的。事實上像哈里・蓋爾這個人甚至連法學院都沒有進過。

「實際上，我所認識的每個出庭律師都是非名牌大學法學院的畢業生，」戈德法布說，「在不久以前，能夠進入名牌大學的猶太青年還為數不多，所以大部分人就進了紐約大學、紐約法學院、布魯克林法學院，還有福特哈姆大學。現在的法學課程大都是雷同的，而以前有一段時間裡，哈佛、耶魯、普林斯頓和哥倫比亞這些大學所教的是一種比較深奧的法學，而紐約的法學院更強調實踐和程序方面——在法庭上該幹些什麼和怎樣通過律師資格審查。」

就讀學校的性質不同只是造成猶太律師，同他們的非猶太人同道們分道揚鑣的一個因素。「我們不是在野外體育俱樂部的環境中長大的，我們的社會聯繫很少，」戈德法布又說，「我們進不了大的法律事務所，偏見限制了我們為銀行和保險公司工作。我們沒有遺產方面的業務，我們自己的家庭就沒有什麼遺產。我們也沒有重要的法人關係。解決謀生問題的實際方案，就是在社區中工作，經辦同個體有關的業務。」

猶太律師是倒楣蛋，即命運犧牲品的代理人這一形象，不是完全失真的。某種意義上，猶太律師已經成為社區的良心，因為他提出了公共政策和社會需要方面所存在的爭議，而這比州立法機構或國會開始千方百計解決這些爭議問題，要早了好多。

最近制訂保護消費者立法的高潮，某種意義上就是在一件件案例基礎上，積聚起來的公眾要求保護的呼聲的結果。

「只有通過法律訴訟，一個在諸如此類事件中蒙受損失的公民才能獲得賠償：可燃性不確定的兒童睡衣，儘管符合商會的標準，卻像聖誕樹似地著起火來；病人因輸血而染上肝炎；或者一輛汽車的剎車系統有毛病。」戈德法布說道。

自然，人身傷害、產品責任和醫療事故這些領域，不是華爾街律師事務所和大的律師行所熱中的業務。既然它們代表著汽車製造廠、醫院、商會、銀行、醫藥公司、鐵路和保險公司，那麼接受一個侵權案子確實會把自己置於一種令人難堪的境地。這不是它們所歡迎的那種利益衝突。所以，不管案情如何清晰明白，不管可能得到高達數百萬美元的報酬，例如，一次重大的飛機失事的索賠，這些律師機構除了作為被告的辯護人之外，是不會參與其中的。

這樣一來就造成了法律功能的分岔：公民個人及其辯護人同強大的法人及其人數達百餘人的律師班子進行抗爭。不過這種表面上的力量不平衡並不能阻止投訴者獲得賠償。「我們是比他們還律師的律師，」一個不願透露姓名的辯護人說道，「事情就這樣簡單。」

然而，事情並不這樣簡單。從某個角度來看，法人和機構在法律才能、金錢和時間上都令人生畏。但由於公眾輿論不站在它們的一邊，這種不可一世的權力便處在了被告席上。並非商業界放棄了自己的一切法人責任，放棄了為自己的辯護，或者突如其來地形成了一種利他主義的趣味，它們始終是精明而講究實際的——始終留心著，不要被人認作是糊塗蟲，分不清哪些是令人討厭的索賠權利，哪些是其他的騷擾。而且也許事實上它們的確不是糊塗蟲，也不應當做糊塗蟲。發生變化的是，個體權益和保護措施發展起來了，這就是要求物品的生產者和服務的提供者對產品和服務負責的公民保障。

出售用於治療背部疼痛、普通感冒和腸胃脹氣的蛇油被列入違法行為已有一段時間了。前幾年，醫藥公司兜售未經全面測定和獨立試驗鑒定以及食品和藥品管理局批准的高級藥品或儀器，也已被認為是非法的。而且即使經過這類測定、鑒定和批准，如果若干年後又出現了某些不良後果的話，藥品公司仍然負有責任。對產品擔保和責任的這種解釋，是公民受益最大的一部分法律條文。它使公民在受到無意傷害的情況下有了求得公正的機會——這裡不採取報復的方式：根據侵權法只能要求對損害做出賠償而不能要求懲罰。

在所有法律的進展中，人身傷害訴訟因賠償問題而帶來的爭議可算是最大的了。而且這種爭議還在發展。在有些律師圈子裡，人們對人身傷害訴訟嗤之以鼻。接手這類訴訟的律師，被稱之為「追救護車的人」，而訴訟委託人則被污蔑為敲竹槓的傢伙。

前者被指責為幫訟——不是爭議的當事人卻想從中分得一杯羹，而後者則被斥責為作偽證——為了敲詐錢財而在法庭作證時說謊。通常的評語是：「人所盡知，人身傷害訴訟是理智敗壞和文字訛誤的根源，因為它無非就是為了錢。」當然，這句話對大部分法律糾葛同樣適用——它們都直接涉及到各種各樣的財產認領權，換言之，就是錢。

從歷史上來看，法律首先關心的，歷來是原有財產的劃分和對新的財產的先期要求。人身權利和個體自由只是最近才得到法律保護的。彌補個體這些權利的喪失，用一本法學雜誌的話來說，就是彌補「一條腿，一種感情，或一種官能的被剝奪」的唯一方式，即以錢為形式的賠償。

6．貪婪的律師就像吸血鬼

現代猶太律師對英國古老的疏忽證明方法作了成功的發展和擴展。民事責任或侵權行為的基本思想，是對損害進行賠償而不是因為造成了損害而對肇事者予以懲罰。當然，這頭一步就要證明損害和傷害是由疏忽造成的。

這種法律遊戲在早期就定下了一條基本規則，它至今仍指導著訴訟程序。事故或事件是因某甲的疏忽而造成的嗎？如何證明？

有個人走在倫敦的一條街上，沒有管什麼閒事，突然從樓上窗台上掉下一桶油漆，砸在他身上。在審理由此而引起訴訟時，法官把它簡潔地表述為——事情自己會說話。這就是說，油漆桶不是自己從天上掉下來的。而且對事件也用不到作什麼別的解釋。最後，這類事故除非因為某個人的過錯是不會發生的。既然唯有被告一個人控制著造成危害的局面，而原告又沒有對事故的發生起過任何作用，那麼被告就是有過錯的人。

當然，大多數人身傷害訴訟都遠比這個最初的油漆桶事件複雜，因為法律上的三段論步步都離不開種種前提和條件。

「某些對人身傷害訴訟持批評態度的人描繪了這樣一種形象：一個貪婪地伸著手的律師，其模樣不像是在從事律師業務，倒像是在乞討。現實並不是這樣的，」格林伯格坐在那個碩大而呈弧形的寫字台前，邊工作邊沈思著說道。

和之前西點軍校常勝軍足球隊裡的搭擋布蘭查德和戴維斯一樣，格林伯格是場內先生，戈德法布是場外先生。格林伯格準備辯護狀，對問題進行調查，管理事務所，在特殊情況下，參加訴訟審理。戈德法布原先是一個田徑運動愛好者，他也進行調查，但更願意從事審理工作，大部分時間都花在法庭上。身著漂亮的深藍色的衣服，他老是在辦公室裡一圈一圈地踱著步，這個習慣也不知道是產生於他的田徑運動員的經歷，還是他在法庭上養成的。

就大多數人身傷害訴訟來說，在法庭最後準備好聽取雙方意見時，直接的苦惱和人身損傷都已過去，在記憶裡和時間中也已消失。多數訴訟沒有經過裁決，而是在開庭日之前或審理過程中就解決了。但出庭律師必須準備好，如果不能協商解決，就要把官司打到底。

「許多損害並不值得起訴，」格林伯格說道，「這不是因為沒有責任，就是因為即使存在責任，也不足以構成提出法律起訴的正當理由。你必須記住，對於訴訟當事人及其律師來說，訴訟是一個耗時費錢的過程。除非造成了實在的損害並有法律依據，否則根本不能提出起訴。既然事故和傷害不懂得偏愛有社會地位和經濟地位的人，那麼就有許多人如果索賠不成，是無力償付律師為了替他伸張正義而耗費的時間和精力的。我們不能像那些按時計費的事務所那樣來經營。不用說，如果敗訴，我們就得不到酬金。」

雖然受害者及其律師對成功酬金的是非功過不存疑問，但這種酬金卻是立法機構的一個痛處（用一個律師的話來說，是「長在法律後背上的一個瘤子」）。各個州的律師協會對此一直多有嘖言，要求予以廢除或者明文禁止。也許某一天它們會成功，但在目前，成功酬金還是這個冷漠世界中的唯一機制，它使公眾和消費者在為自己所受的傷害索取賠償時能有一個小小的立足之地。

其他國家對這種成功酬金的安排有些摸不著頭腦，但都在慢慢地把它吸收到自己的法律體系中去。甚至在把成功酬金作為得到認可的技術的大不列顛，也有一種感覺，似乎美國把一件好東西用得太過分了。

著名的財經雜誌《經濟學人》曾經報導：

貪婪猶如飲食，同是人的本性；而為真實的或想像的傷害索取巨額損失賠償則猶如蘋果派，同是美國的特色。這並非偶然：美國的律師行業為了提高自己的營業額，發明了一種極妙的推銷手段即成功酬金，這就是用來答謝律師的那肥肥的一大塊——一般占律師為委托人爭取到的損失賠償費的30%，不過要是敗訴，就什麼也沒有了；這正是貨真價實的美國實業傳統。無銷售，無傭金，還有比這更公平的嗎?而你一旦接受了這一條，法律就不僅是最高法院的崇高的尊嚴，而且還是像爆玉米花或女子髮型那樣可以出售的商品了，那麼，你還能因為以法律為業的人真的四處叫賣而抱怨嗎……對穩重的歐洲人來說，這種觀念是令人震驚的，但它真的有害嗎？

7．正義的化身

人身傷害訴訟常常有辦法把民事侵權行為的具體問題提升為社會政策問題。戈德法布和格林伯格就經手過這樣一個案子，它關係到住宅開發中的人身安全問題。

有一個九歲的小女孩，在一幢由十四層樓的公寓組成的住宅群的庭院中，被一個也住在這幢公寓住宅裡的少年勾引了。當時，她正從附近的一所學校回家吃飯。這個少年把她拖到樓頂，進行強姦後，再把她從樓頂扔下來。小女孩掉在人行道上，當場身亡。

戈德法布和格林伯格法律事務所在一次沒有陪審團的審理中，作為女孩的遺產代理人指控這項住宅開發計劃，因為它未能提供適當的治安保護。他們爭辯說，在大規模開發十四層公寓住宅群，而這類住宅中的刑事案件以前就層出不窮的情況下，只設立一個門衛不足以提供合理的人身安全。法官認為他們說得有理，判決原告勝訴。

法庭裁定為女孩獲賠償一三・五萬美元，其中三・五萬美元作為非常死亡的賠償，十萬美元作為女孩所受到的折磨和摧殘的賠償。住宅主管機構不得不重新落實各種安全措施，加強所有住宅群裡的治安巡查。這次訴訟不可能杜絕犯罪，但卻減少了犯罪發生的可能性——特別是它開創了一個先例，在日後類似的內城區犯罪案中為其他律師廣泛援引。

負責這一訴訟的法官在審理中做出了自己退休前的最後一次努力。已故的塞繆爾・利博維茨是一位著名的紳士，他給作為被剝奪者、被蹂躪者的權利之保護人的各級猶太律師，帶來了諸多的榮耀。從他擔任「斯科茨伯勒的孩子們」的出庭律師之日起，就一直得心應手地為社會下層人民辯護。利博維茨從來沒有失去過對社會犧牲品的同情，就自己經手的最後一件訴訟，他寫道：

「這裡審理的案子是顯而易見的，被告——住宅管理局在這裡所顯示的情況下，對住戶的生命、安全和財產負有什麼樣的義務？我從被告律師那裡獲知，要在各種各樣的住宅群中都設立一支適當的保安力量，是一個過於沉重的經濟負擔。對於這一論點，我的回答是，現在已經到了它們不能不承擔這一負擔的時候了。我們能用哪一種數學體系使財政限度同這個幼小生靈在這非人的半小時中所受的折磨摧殘相抵嗎？」

利博維茨已經離開了法律的舞台，但是，他在為「倒楣蛋」進行辯護這一方面留下了輝煌的紀錄，以及一筆傳給了下一代律師的遺產。

醫療事故訴訟是人身傷害訴訟領域內發展最快的一部分，因為公眾在醫療權威面前敢怒不敢言的狀態，近來已不復存在。雖然內外科醫生們認為醫療事故訴訟已經多得過分，但看起來，這個數字還會有戲劇性的增長。美國醫學協會在一份關於職業責任的調查報告中指出，在現行體制下，每一個提起醫療事故訴訟的人的後面，「可能都有十個人，因為不知道自己有要求過錯賠償的合法權利而未提起訴訟。」

戈德法布和格林伯格一直是而且現在仍然是相當數量的醫療事故訴訟中的出庭律師。戈德法布說：「事情之所以會這樣，是因為通過我們代表委托人進行的研究，在有些特殊情況下，我們對人體解剖和生理學比那些在法庭上相遇的醫生們知道得還多。」

醫療事故訴訟的那種名符其實的爆炸，已引起了大夫們的怨言和保險公司保險費的節節上漲。有些醫生拒絕開業，一些保險公司也拒絕承保這類業務。承接過失訴訟的律師被指控為是在破壞醫療體制，利用醫生漁利和蒙騙承保人。

按照羅納德・戈德法布的說法：

> 認為醫生是一個容易捕獲的人物及法官會做出不合理的裁決，是某種妄想狂的念頭。在醫療事故訴訟中，病人一方所提出的，從根本上說，是醫生或者醫院闖了醫學上的紅燈，是病人所得到的護理低於醫學界自己規定的標準。出庭律師出於必要，不能不依靠醫生的專業知識、意見和檢驗，以便向陪審團和法庭提供有關情況，說明他們的某一位同道在什麼地方偏離了正常的和被認可的醫學準則。正是醫

生職業，就像社區的良心一樣，試圖糾正已犯下的過錯。醫療服務的消費者如同其他服務或產品的消費者，享有得到同樣合理慎重的照顧的權利。

曾在開拓責任保護中打頭陣的猶太律師，現在發現自己成了矛盾的焦點，被喚起了的公眾不斷要求通過政府立法得到更大的社會保護，而商業界、醫學界和保險公司則認為這些裁決無法忍受，保險費也貴得驚人。在兩者的夾擊下猶太律師應接不暇。承接人身傷害訴訟的律師，一直處在爭取侵權行為法律體系下的人身權利這一運動的風口浪尖。不過他們在未來的作用可能受到限制，因為政府正試圖為一些由來已久的問題找出新的解決辦法。

8．不怕有錢人的法律戰爭

在繁榮的二十世紀八〇年代，你很難回想起，或者甚至想像出律師職業在三〇年代的那一段艱難歲月。今天，私人開業的律師一年所得已是高收入的佼佼者。而在一九三三年，曼哈頓的律師雖被認為屬於當時全國報酬最高者之列，其收入平均值卻低於三千美元，事實上在一九三四年，紐約的一千五百個律師準備為獲得工作救濟而起誓，就像貧民起訴人為免交訴訟費用而起誓一樣。在當代美國要找一個申請領取食品券的律師，那是難乎其難的。

在這一時期興起了另外一個律師群體，其中大多數是猶太人，他們注定要在法律的王國中割出自己的一塊地盤。作為移民的兒子，他們同具有高人一等的優越感的律師協會格格不入。在新政派執掌國家舵把時期，美國的律師界分成了兩個部分：用法學家卡爾・盧埃林的話來說，存在著一個「女才子律師界」和一個「饑不擇食的律師界」。

猶太人、意大利人和黑人律師理所當然地屬於後者。從市場大崩潰和隨後的大蕭條之日起，「饑不擇食的律師界」中一部分人就開始揀食這些零星的碎屑，而其中有的還特別污臭。

美國最大的公司中，不少是按照小型企業的方式經營的，目的是只讓高級經理人員發財。費迪南德・皮科拉作為參議院的銀行金融委員會的律師，揭露了資本主義最高等級的集團中存在著一個法人從事勞民傷財的瑣事和海盜行徑的藏污納垢的角落。看來在法人產業之間有著難以盡述的裙帶關係、內部交易、證券壟斷、惡性競爭、沒有理由的分紅和一般非法交易等等。

這些律師借助於一個鮮為人知的技術——少數股東訴訟，發展出一種方法，使公司的經營者必須向擁有公司部分產權的、互不聯繫的人說明公司經營情況。這些訴訟不是對資本主義的正面進攻。承接這類訴訟的律師——密爾頓・保爾森、密爾頓・波拉克和亞伯拉罕・波梅蘭茨——並不想摧毀這種社會體制，只想淨化一下經濟的軀體。然而，這些訴訟並沒有為他們在同道中贏得聲譽，他們被體面的律師界看作是一種騷擾，一種胡鬧，而嗤之以鼻。簡單地說，就是「惡訟」，相當於合法敲詐。當然，女才子律師界則被控為所謂犯有過錯的公司，如大通國民銀行、花旗銀行、美國制罐公司和可口可樂公司等進行辯護。

股東訴訟沿著兩個方向發展：派生訴訟和代表或類別訴訟。在派生訴訟中，股東因為公司在它的職員的控制下財產受到損失而提起訴訟。勝訴的股東奪回了公司的權力，因為顯然，掌握在原來的職員手中，公司不能解救自己。在類別訴訟中，股東因為自己以及一個相似的股東類別受到不公正的待遇而起訴。在這種情況下，對權利的侵犯是直接的，所以起訴的對象是公司。在派生訴訟中，股東的勝訴只是就犯有過錯的職員賠償了公司的財產損失這一層意義而言的，全部股東都勝訴，但這種勝訴有名無實；在代表訴訟中，只有這一個股東類別（比如說優先股股東或B類別）而不是法人財產，獲得資金賠償。

不過在這兩種訴訟中，律師都可以得到優厚的報酬。就像一九七六年對國際電話電報公司的訴訟結局一樣，股東每股獲得的補償為一·七五美元，律師卻得了頭獎。在國際電話電報公司同代表二二〇〇萬股股份的一·六萬個股東就該公司和哈特福德火災保險公司合併（哈特福德火災保險公司的股東可以因自己所負擔的任何一種聯邦納稅義務而得到補償，因為他們曾得到保證一九七二年的交易是免稅的）問題達成協議之後，律師得到的勝訴酬金為三百五十萬美元。這一訴訟持續了將近四年才見分曉，這樣看來報酬還是適當的。

承接股東訴訟也許不失為報酬最豐厚的律師業務之一。無論在法庭外達成協議還是通過法庭裁決，最後清償的金額幾乎都不下七或八位數。原告律師從這筆補償費中得到的酬金自然頗為可觀。既然律師界一度把它看作下賤的工作，那麼這樣高的報酬也許是完全正當的了。

有一段時間，法官把20%——30%的「贏利」劃給代表原告的律師。雖然這個比例大大超出了對公益活動的付酬水平，但他們的工作確實提供了相當可觀的社會服務。一位聯邦法官評論道，「不借助類別訴訟這一手段，聯邦證券法規定的權利很少能夠得到維護。」

就這樣，三個要素的結合把猶太律師引入了現代資本主義中最有創造性、最敏感的領域之一——股東訴訟。作為一個在律師職業中受排擠的人，猶太律師被歧視和偏見逼上了向他們的充滿優越感的同行和法人既成體制發起攻擊的道路。同權力結構相抗爭給人以一種極大的滿足，但事情還不僅僅如此，要是成功的話，還可以得到非常之高的報酬。一次勝訴的所得可以超過一輩子的解釋契約、填寫政府表格和辦理離婚案的獲酬。

波梅蘭茨說：「股東訴訟是一種擴大了的二十道題遊戲。你不得不抱著骯髒的念頭，這是幹這一行的必要條件。要是你通宵達旦地對形形色色的法人詭計一一計數而不去睡覺的話，你連一半都夢想不到。」

波梅蘭茨玩起這種遊戲來技藝高超。除了接手難以計數的同個別法人的官司之外，他曾同整個共同投資行業較量過。他認定這些公司把管理費用打得過高，並迫使它們把費用降到原來水平，從而使公眾少支出近五千萬美元；反過來，他的事務所獲得合法酬金二百四十萬美元。隨後他又向傭金轉讓（即指定將經紀人的部分傭金付給實際出售股票的代理人或機構）和無謂介入（即在交易中使用不必要的經紀人）這些商業做法發起攻擊。前一種做法現在已無人使用，而後一種也消失得差不多了。

雖然波梅蘭茨對資本主義的厭惡有些過火，但他對法人為害、瀆職、侵吞和偽證的攻擊，卻使他財運亨通。他也許還稱不上這塊土地上收入最高的律師，但當年他那號稱年薪三十五萬美元的收入，已使他躋身於收入最高的律師群體。

在二十世紀七〇年代，股東訴訟遽增（每年增加一千件），但它的原動力同三〇年代的並沒有很大區別，不過提起訴訟的理由卻有所不同。毫無疑問，對於某些鮮廉寡恥的經理人來說，詐騙本公司仍然是一種可以偶一為之的消遣。其他的訴訟是由於法人無視證券交易委員會的數不清的法規或者由於純粹的愚蠢而引起的。

另外一些公司因為賄賂外國政府官員卻沒有向股東們報告而被起訴。這些都是大路官司或稱10b-5訴訟。一九三四年的證券法的，規則10b-5羅列了證券交易中許多可能出現的罪錯。它規定任何欺詐的手法或策劃、任何對實質性事實的虛假陳述或省略，以及商業活動中任何欺詐性和虛假性的行動或做法，均屬非法。

後來，由於出現了新的問題，股東訴訟有了一個相當大的變化，並且形成了一種新格局。引起訴訟的主要爭論點有兩個：競選贈款和給外國官員、採購代理人和中間人的賄賂。這些訴訟中有的是由公共利益法律群體提起的，它們感興趣的是法人的改革而不是法人的現金。

東海岸的一家出租汽車公司在得到政府特許的為機場服務的營業中，計程器上的價格定高了十美分。由於這些被多收了費用的人實際上分布在地球的各個角落，所以沒法把這筆錢再還給他們。法庭命令該公司把計程器上的價格調節到低於規定比價十美分的水平，一直到該公司非法所得的一百萬美元全部還給乘車的公眾為止。

艾森訟案開始時看上去像是消費者取勝，但結果並不是這麼一回事。「流動類別」理論適用於其他訴訟，但是艾森訟案的情況有所不同，被告提供了儲存在電腦紙帶上的二十萬個交易人的姓名——所謂受到侵權的真實的個人。根據聯邦訴訟程序規則，現在需要原告通知他所屬的類別的全部成員。艾森是為了七十美元提起訴訟的，而通知這二十萬個同他一樣買了零星股票的人，光郵資就需要十六萬美元。轉眼之間，不妨這樣說吧，艾森就不屬於這個類別了，因為最高法院一定要他承擔逐個通知這二十萬個個人所需的費用，從而奪走了他的勝利。

實際上，法庭裁決的結果歷來是保守的，因為不管原告的實質性要求怎樣有法律依據，集團訴訟卻由於要求原告必須逐個通知類別成員這一技術性問題而在一開始就敗訴了。以後有些法庭試圖修正艾森裁決，尋找避開程序規則的途徑，但其效果總的來說，是遞減的。

用某個法律評論家的話來說，艾森訟案要是勝訴的話，「就會鼓勵公司從事大規模的而不是小規模的詐騙活動。」艾森訟案的原告律師，羅森菲爾德是一個單槍匹馬進行股東訴訟的開業律師，他曾就該訟案結果的虛偽性寫道：「被告的主要論點一直是，如果類別成員沒有全部接到通知，他們就被剝奪了正當的法律程序……除非並且直到類別的每一個成員都知道自己的權利將不被考慮，類別訴訟才能夠進行……這樣，被告為了謀求一己私利採用了使類別訴訟從一開始就不能成立的辦法，同時卻擺出一副維護原告由憲法規定的權利的鬥士姿態。」

羅森菲爾德是一位年逾五旬的律師，認真而有學者氣質。他承認，與其從事律師業務，他倒寧可教書寫作。的確，他一直在紐約法學院講學，並為《紐約法學雜誌》的一個專欄撰稿。雖然當律師不是他的第一愛好——他希望從事憲法學的教學，但他在證券方面的工作卻為他贏得了聲望。

羅森菲爾德生於一個信奉正統猶太教的猶太人家庭。他先進入布朗大學，以後又到了耶魯法學院。六〇年代中期他作為全班成績名列前茅的優秀學生畢業，卻發現曼哈頓的主要律師事務所對他都大門緊閉。

「我從九月份開始尋找工作，拜訪了紐約市的每一家有影響的法律事務所。我感謝猶太節日——在這些日子裡我不用去敲人家的門。最後，我於二月份在亞伯拉罕・波梅蘭茨的事務所找到了一份工作。」羅森菲爾德回憶道。

過了一段時間，羅森菲爾德就自己開業從事證券方面的法律事務。近年來他察覺到司法圈子裡出現了一股潮流，它對股東訴訟設置種種程序上和技術上的障礙，使訴訟變得日益困難。也許，這是由於一個比較保守的最高法院和尼克森、福特當政期間連續八年由共和黨指定聯邦法官人選而造成的結果。

艾森訟案由於災難性地提高了原告發起訴訟所需承擔的費用而使大類別訴訟更難進行。法庭還用把原告律師獲得的金蘋果切掉一大塊的辦法，打擊了原告律師。因此，股東訴訟已經走上了人身傷害訴訟的同一條道路——也就是建立在偶然性的基礎之上。勝訴，律師分享訴訟帶來的利益，敗訴，則一無所得。

如果以不無意義的壓力來壓制貪污受賄和犯罪變得日益困難的話，那麼它所產生的威懾也就越弱。政府的行動通常都太少太遲：證券交易委員會頒布了強制性的法律補救辦法，然而，這並沒有擊中那些行蹤不定的商人們的要害——他們的錢包。

與其像金融圈子裡廣泛流傳的一個主題那樣，把股東訴訟看作一種削弱社會體制的破壞性機制，不如把它看作對忘記了或者無視倫理要求的商業的一種淨化過程。在為保護股東權利而直接同仇視個人的法人勢力進行的鬥爭中，猶太律師首當其衝。

古爾德，一位傑出的律師，在《紐約法學雜誌》上撰文寫道，「任何一位研究我們這個職業在二十世紀的發展的歷史學家都應當承認，正是因為這些人（提起股東訴訟的原告的律師）受到了有勢力的律師的排擠，他們才變成了武藝高強、堅忍不拔的，這些傭兵為了保持美國商業的公平透明化，已做出了如此多的貢獻。」

第5章

猶太人在醫學界

1．醫生是猶太人母親的第一選擇

羅斯柴爾德銀行創始人的妻子，古特勒・羅斯柴爾德已年逾九旬，她跟一個備受人們推崇的醫生訴說，她所患的種種疾病。

醫生聽得很同情，最後卻說：「是啊，可是我無法使你更年輕了。」

「醫生，我不必年輕，」老婦人說，「我要求的只是能夠活得老一些啊！」

——這是一則和醫生有關的笑話。

事實上，每個猶太母親的心裡都有一個願望，就是看到自己的兒子當上醫生。這句話裡也有某種真理。沒有人能夠肯定這種觀念從何而來，或它何以為真。顯然，猶太母親們成功了：美國約有三萬名猶太醫生，他們占私人開業醫生總數的14％。

猶太人真的當上了醫生，這並不僅僅因為有母親的鞭策，也不是因為醫生這一行只能由母親傳授。醫生在猶太人的歷史上就有著優先地位，這可以追溯到猶太教的發軔之初。猶太醫生是一種經驗豐富、備受尊敬的人，他們的服務和技能是君主和教皇們所十分需要的。從薩拉丁到伊麗莎白一世，統治者都在搜羅猶太醫生。有一個猶太醫生侍奉過查理曼大帝，有許多猶太醫生侍奉過史大林，這很委屈了他們。教廷也不想掩蓋這一事實：教皇任用過猶太醫生，雖然教規禁止基督徒受異教徒的恩惠，以防他們墮入魔法。很明顯，這是賭博中兩頭下注的例子：在彼世受崇拜不如在此世得到治癒。

有一個故事，說法蘭西國王弗朗西斯一世想找一個猶太醫生。他請神聖羅馬帝國的統治者查爾斯五世舉薦一個。查爾斯迅速派遣自己的猶太醫生前去侍奉他那最尊貴的基督徒陛下。醫生一到，弗朗西斯就開始大肆詆毀猶太教，取笑這位醫生的信仰。醫生回答說他已皈依了惟一真實的信仰——天主教。一聽醫生的答覆，國王馬上就把他打發走了，並且要求再派一個「真正的猶太醫生」來。

人們還在尋找著真正的猶太醫生，而猶太人在追求以醫生為業，其專注之至常使非猶太人感到不可理解。一個醫科大學預科班的猶太學生，如果不能進入自己選中的醫科大學學習，會跑遍全國尋找機會；如果再被拒絕的話，他還會向國外的學校提出申請。這種競爭如此激烈，使得紐約州已同意建立一所以色列醫學院，條件是該學院要接受本州居民入學。

行醫的吸引力當然包括許多內容：利他主義和人道主義；敬畏和尊重；自豪和靈巧的職業。在這張清單上還應有一件並非微不足道的東西——錢，雖然每每是壓著嗓子說出來的。醫生照顧了我們解剖學上的需要，所以，幹這一行的不會只指望掙幾個小錢：

現在它是美國最富裕的行業。

猶太史上那段田園詩般的時光已成過去，那時，以無私和體貼著稱的名醫，拒絕接受病人直接支付的診費，儘管在他的門口掛著一個箱子，向過往行人募捐。今天，人們的情感同阿巴所表達的倒真有些相似，這位塔本德時代的外科醫生曾說過：「不收錢的醫生，就是不值錢的醫生。」

猶太醫生對醫學科學的貢獻是極不尋常的。他們繼承了希臘人和阿拉伯人的遺產，把經驗和系統的研究方法應用於醫學實踐。他們甚至看到了肉體與精神之間的聯繫——後者如何能夠影響前者。

邁孟尼德認為，生病的原因不僅可以歸之於不良習慣或無節制，還可以歸之於缺乏良好的道德準則。阿奎那認為星座的位置和魔鬼附體可以說明精神疾病，而猶太人則把醫學作為一門探討因果關係的科學來研究。在中世紀，他們的基督徒同行們還在揮舞護身符、念誦咒語和相信迷信。

如同其他文化中的一樣，早期的猶太行醫者把治病和宗教結合在一起。拉比就是醫學技藝的掌管人——既是知識的源泉，又是積極運用這些知識的人；他們常常扮演著醫生的角色。對疾病性質的鑽研終於引出了一個重大的哲學問題：醫生應當努力治癒病人或者至少細心地解除他們的痛苦，還是應當依靠上帝？疾病是無邊的痛苦即對違背全能者意旨的行為施以懲罰的跡象嗎？也許治病是上帝在最初擊倒病人時並沒有想到的。

正是這種矛盾心理導致了宗教與醫學、拉比與醫生的分離。不過在整個猶太歷史的大部分時間裡，拉比仍然保留著傳統治病者的身分。這種配置有一個獨特的好處，因為拉比負有推行猶太教的食品律法的使命，作為其延伸，還監管著環境衛生。猶太人沒有發明這種格言：衛生僅次於虔信（這是衛理公會的創始人，約翰•韋斯利提出來的），但猶太教有一條基本教義，就是保持清潔和愛護自己的健康。

從聖經時代起，猶太人就在試錯法的基礎上探討健康問題，他們缺乏理論和抽象。有一個醫生在回顧猶太人所取得的醫學成就時寫道，「古代希伯來的醫生……是病理學、預防醫學和衛生學領域中的先驅。他們的病理學學科的研究工作具有一種明顯的、確定的種族特質。在所有各個時代，我們都發現，猶太人具有追求哲理性、探尋人類疾病的隱蔽的原因和找到預防這些疾病的新措施的傾向。他們不太注意描述疾病的症狀，而比較注意以新的治療方法預防或去除病患的機制。」

2・因為信仰而建立猶太醫院

猶太醫生曾躋身於新世界的第一批探險者之列：哥倫布在第一次航海時帶了兩個猶太醫生，一個內科醫生，一個外科醫生。不過，第一個在殖民地生活的猶太醫生是從里斯本來的雅各布・倫伯羅佐，他於一六五六年在馬里蘭州定居，並在查爾斯邵辦了一個「挺賺錢的診療所」。但就大部分情況來說，殖民時期的猶太醫生很少，通常是伊比利亞半島或巴西來的難民。

由美國本國培養出來的猶太醫生——這是美國早期兩所主要醫科大學，哥倫比亞大學或賓夕法尼亞大學的成果——的數量，在十九世紀中增加得很快。內戰期間，交戰雙方的營壘中都有猶太醫生。

十九世紀中期，也就是在大規模的猶太移民出現之前，那些數量不多的美國猶太人不願意到基督教醫院接受治療，尤其是晚期病人。因為病人往往在彌留之際被勸誘改變宗教信仰；這原本不是一個吉祥的時刻，病人肯定會受到騷擾，而對一個篤信猶太教的猶太人來說則會更糟糕，所以猶太人很想建立自己的醫院。

在十九世紀中期，紐約市出現了改善公眾健康和社區照顧的改革運動。到十九世紀五〇年代，基督教男青年會、兒童援助會，以及羅斯福、聖盧克、聖文森特這些醫院全都建立了起來。

一八五二年，一批人在律師薩姆森・西姆森——阿倫・伯爾的學生，也許還是第一個被紐約律師協會吸收的猶太人——的率領下，在曼哈頓建立了猶太人醫院。一場時髦的慈善性質的舞會，開始了醫院的第一次籌款運動，舞會的收入為一〇三六・一四美元。到一八八五年，醫院的第一幢建築投入使用，它位於當時的鄉村第二十八街，在第七大街和第八大街之間。

這是一座四層樓的褐色砂石大樓，有四十五張病床，耗資九千美元。醫院從建成之日起就一直擁擠不堪。紐約的人口有五十萬，猶太人超過一萬。為此，醫院董事會早就找到了一個解決辦法，就是「除了事故之外，不接受任何非猶太人」。到內戰時期，政策改變了，醫院的大門才向所有市民敞開。

在醫院開業的第一年裡，住院主任醫生和門診醫生的年薪為二百五十美元，這個數字是相當微薄的。第二年的情況改善了，薪水漲到五百美元。

同現在一樣，那時私人開業醫生還可以多掙點錢。亞伯拉罕・雅各比博士是從德國來的政治難民，差不多就是這個時候到美國的，他後來作為全美國第一個兒科專家在西奈山醫院中起著很突出的作用。雅各比行醫的頭一年掙了九七三・二五美元——門診收費二十五美分，出診則是五到十美元。

一八七二年，猶太人醫院遷往列克星敦大街和第六十六大街，這時，醫院的名稱改為西奈山醫院。一九〇四年醫院再次遷移，搬到了第五大街和第一〇〇街，也就是現在的地方。建築師沒有像流行的那樣把它造成整幢樓的大醫院，而是設計成十個單獨的低矮的建築物，互相分離而通過一系列地道相聯。面向中心公園，四周是寬闊空間的西奈山醫院擁有種種新潮的、令人愉快的東西：電氣設備、X光儀器和一個由古根漢家族捐獻的供私人用的分隔部分。在這個綜合體中，還有一個有二百個座位的猶太教會堂。西奈山醫院在第五大街上段開業時，白天收費為一・五美元。

幾年後，醫院的規模和附設部門都擴大和增加了。增加了一個護理學校，一個嬰兒保健診所，還新增了放射療法、精神病學和老年病這些部門以及一個高壓實驗室。最後，在二十世紀七〇年代初，醫院的庭園裡豎起了一座摩天大樓，一下子改變了它原先那種古典式的低矮的外觀。這個現代派的結構是用低合金高強度鋼（有意讓鋼表面生鏽）製造的，它雄踞在地平線上，黑黝黝的，帶有一種凶相，與周圍建築很不協調。

這個三十一層的高大建築物就是安嫩伯格大廈，醫院和醫學院的新中心。它的歷史就是由一個具體項目所顯示出來的猶太人的權與錢之威力的典範。

自五〇年代後期，西奈山醫院就開始認真考慮創辦一個醫學院。這家醫院本身被認為是美國最好的醫院之一：通常各種調查和評估都把它列入前十二所或前六所醫院之中。不過，它缺乏一個第一流的綜合性附屬大學。它同哥倫比亞大學的內外科醫學院之間有限的聯繫不夠牢固，不能作為附屬關係。

西奈山醫院雖然不是以教學和研究為主的，但卻取得過相當多的突破、進展和運氣極佳的發現。

但在今天，第一流的科學家和研究員偏愛有附屬學術機構的醫院，因為在那裡他們可以同時進行臨床治療和研究。如果基礎生物科學是未來醫學進步的關鍵的話，西奈山醫院就不能不提供可以同那些從事教學和研究的醫院一比高下的設施。院方有一種很強烈的感覺，覺得隨著學術界反猶主義的衰落，第一流的猶太醫生正流向其他醫院。

解決這個問題的辦法就是建立一所醫學院，但即使在最佳時期和最合適的條件下，這也不是一項輕鬆的任務。起初，董事會缺乏熱情，覺得有「一所第一流的醫院要比冒第二流的醫學院的風險」為好。當地的一個頭面人物認為，建立一所醫學院是一種揮霍，它會把社區的資源「搶走」，而這些資源最好還是用在其他更直接的用途上。最後，醫學組織——它的自私自利只有借助於一次正面切除術才能清除——也重彈老調，堅持說現在醫生已經太多了。

反對意見很快消聲匿跡，因為董事會支持了這一想法。組織和規劃工作花了十年時間——要取得各級政府中主管醫學和教育的機構的同意，商定貸款，最後還要徵得高等教育委員會的同意，因為西奈山醫學院將成為紐約市立大學的一部分。學校一成立，就成了一個尋覓一幢大樓的機構。這幢大樓將把醫院和學校結合在一起，加上所有的外圍設備和輔助醫療設備。最初報出的工程造價為五百萬美元，等一年一年拖下來，造價扶搖直上，工程尚未開始，造價已超過了一億美元的大關。

所幸的是，西奈山董事會中有猶太富翁和紐約市的幾位最有說服力的集資專家。他們負責籌集一・五二億美元，而且在十年內完成了任務。

3・西奈山醫院

西奈山醫院是猶太醫院中的精華，對其他六十三所醫院起著示範作用，這些醫院都同猶太慈善團體聯合會有聯繫。在大多數主要的猶太人口中，從巴爾的摩到洛杉磯，都有「西奈山醫院」，而且這些醫院大部分位於內城區，需要同種種城市問題，諸如擁擠、犯罪、成本上升和收入下降等作鬥爭。最後的諷刺也許是，這些原為猶太人建造的醫院，卻已不再為猶太人服務了。

一九〇四年紐約市的西奈山醫院遷來現在這塊地方時，住在周圍區域裡的都是猶太人——第五大街上段、麥迪遜大街和公園大街旁住著富人，哈倫大街的兩旁住的是中層階級。今天，所有這一切都變了：哈倫住滿了黑人，而與說西班牙語的居民的居住區為鄰的，主要是波多黎各人。

一九五二年在醫院的一百週年紀念活動中，一個紀念性報告指出，醫院的鄰近地區是自一片人口過分密集、嘈雜、污穢和多種語言混雜的貧民區、自那時以來，沒有出現大的改觀。雖然有些陳舊的平民公寓被新的建築取代了，但這一地區仍是一片貧民區，而且種種跡象表明，在可預見的將來，這番情景還將繼續下去。

街道被人塞得滿滿的，婦女和兒童把上身伸出窗外或坐在太平梯上；老人在人行道上打撲克或玩多米諾牌；情人們坐在新建築物的庭園裡；年輕人在修理、改造和訂做他們的「輪子」。這兩個世界只對自己來說是存在的，它們之間的接觸僅止於汽車與汽車還挺親密地排在一起。在醫院內仍存在著各種利益的混合，但隔離狀態很大程度上已是既成事實。

「我們是無派別的醫院，」醫院裡的一位外科醫生說道，「但我猜想95%的門診工作人員是猶太人。當然，之所以成立這家醫院，還有現在的這所醫學院，其中幾個理由就是為猶太人提供一個行醫和學習的地方。雖然現在各醫科大學在入學方面可能不再採取歧視性做法，但猶太人仍然是一個『局外人』。他們參加了紐約外科學會、美國外科大學和其他專業組織，但在美國醫院裡，即使能找到的話，也只有極少數的外科主任是猶太人。也許可以找到這麼一小批，但其中大多數都是猶太慈善團體聯合會所屬醫院裡的醫生。」

如果說紐約西奈山醫院的門診工作人員大部分是猶太人的話，他們的大部分病人卻不是猶太人。醫院沒有保存宗教方面的記錄，但絕大多數病人都不是猶太人：在門診所裡，幾乎所有病人都是波多黎各人或黑人，而在私人用的分隔部分中，差不多所有病人都是猶太人。

十年之前由猶太聯合會和福利基金聯合會進行的一項關於公共服務的調查發現，到猶太人辦的醫院來就診的人，有三分之二不是猶太人。目前，這個比例也許甚至更高。非猶太人病人占多數給醫院和為醫院捐款的猶太人和猶太機構帶來了一個難以解答的哲學和財政問題。猶太人組織在為非猶太人提供醫療照顧方面究竟應當達到什麼程度——尤其是在目前為貧困的猶太人提供的照顧還很不充分的情況下？應該是猶太人優先還是病人就是病人？這是猶太機構難以回答的，因為它們為公共服務提供的資金同聯邦和州的援助是密切聯繫在一起的。如果猶太慈善團體聯合會不能保持它的資助水平的話，那麼政府機構也可能削減補助。

西奈山有種種經濟上的煩惱，其中有些是自作自受的。主要的擴建工程——安嫩伯格大廈的建造花了一．四億美元，這是一筆巨額開銷。況且，建立一所醫學院也是一項花費頗巨的事業。有些批評者認為，在一個摩天大廈熱和醫藥成本上漲的時期，建造這樣一個大樓是一種奢侈行為；其他批評者抱怨醫學院是多此一舉，阿爾伯特．愛因斯坦醫學院就可以起到同樣的作用。不管怎麼說，這個醫院綜合體在八〇年代花四．五億美元進行更新。西奈山醫學中心在七〇年代年年虧損，但內外科醫生一直量入為出。的確，也許比這還要好一點。紐約市以「高收費城市」而聞名，這也許等於直截了當地說，市場能夠承擔多少，費用就可以定得多高。從事臨床工作的主任醫師（從麻醉專家到泌尿科專家共有兩打左右）都是全日制工作人員，年薪將近六位數。

此外，醫院所有在編的醫生還有範圍廣泛的附加收益，從一切入院治療完全免費到頗為複雜的子女教育津貼都包括在裡面。

同時，醫院各科的主任和副主任還可以私人行醫，這也帶來數目可觀的錢。最高層人員可以在醫院裡掙二十五萬美元，因為這家機構把一切付款都作為報酬。

然而，真正借西奈山醫院賺錢的，不是在編的那一百多個內外科醫生，而是一千二百個享有醫院特權的醫生。這家醫院和這個精選的醫生群體有一種共生關係：要不讓病床空著，醫院就得依靠這些醫生作出的醫療安排。反過來，這些醫生可以充分利用手術室、試驗室和醫院的所有設施。用醫院的某個人的話來說，他們「給予醫院的很少」，但「取走的卻很多」。正是這些醫生一年掙二十萬到三十萬美元，尤其是那些動特殊手術，如神經外科、耳鼻喉外科和整形外科手術的醫生。重大的手術一般以一千到二千美元為起點。

因此不難看出，每天在世界上其他人吃完早飯之前，一個忙碌的外科醫生已經為他的生活費、汽車、第二住宅的房款、診所的租金掙下了多少錢。毫無疑問，醫療事故保險費很高（一般外科醫生約為二萬美元），但對同醫院有關係的外科醫生來說，這並不算怎麼貴。

4．猶太醫生對美國的貢獻

美國的猶太醫生對保健衛生歷來有很大的貢獻。他們善於寫作、博覽群書，在醫學雜誌上大量發表自己有關研究、試驗和經驗的文章。有一段時間，美國醫學雜誌所發表的全部文章中有一半是猶太人寫的。革新和醫學發現也層出不窮——從剝離白內障的專用手術刀到測定白喉易感性的希克試驗，都是猶太醫生發明的。他們發現美國環境具有特殊的激勵作用。

猶太人醫生中一部分人在開發賺錢的業務，而另一些則是公共衛生運動中的改革者和參加者。例如，西蒙·巴魯克醫生在世紀交替的時候發明了水療法，他不僅相信水療的內在效力，而且相信肥皂和水的好處。在他的鼓吹下，下東區的里文頓街開設了美國第一家公共浴室。布魯克以後作為「沐浴使徒」而名聞遐邇，他提倡同免費公園一起，還應有免費浴室。

第一次世界大戰之前，要想當一個醫生相對來說還比較容易。全國有一百五十五所醫科院校，大部分學校對入學的要求只是一張高中畢業證書。這些學校中只有一半附屬於高等學府。

在八千多萬人口中，每年畢業的醫生約有二千個。卡耐基基金會懷疑許多醫學培訓不僅低於標準，而且極為醜惡。這個基金會委托亞伯拉罕・弗萊克斯納對現狀進行檢查。亞伯拉罕是著名的病理學家和洛克菲勒研究所的醫學研究部門主任。他的兄弟西蒙對醫學教學和公共衛生也感興趣（他在晚年寫了一本論述歐洲妓女的著作）。

一九一〇年，在一份才華橫溢、詳盡無遺和毫不留情的報告中，弗萊克斯納譴責了美國當時的醫生培訓方式：教學質量低劣，教學設施原始。弗萊克斯納的控訴成了醫學培訓史上的一個分水嶺，在其推動下，各州關閉了條件不完善的、以贏利為目的的醫科院校。

到一九二七年，只有七十九所醫科院校還有醫科學生畢業，這些保留下來的學校提供臨床訓練和範圍廣泛的四年制課程。醫學教學的質量有了很大的提高，但學校畢業出來的醫科學生人數卻下降到只有原來的一半。一九二九年前的醫生平均一年掙一・一萬美元，大蕭條初起之際，醫生收入下跌之快不亞於道瓊的平均指數。

在失業率達到25%的那一段時間裡，醫生治了病卻收不來錢。保健被放到了次要地位，而且在醫學界也可以聽到「保護主義的」呼聲。自由市場體制的經典方式就是當供過於求時就削減生產。一九三三年，美國有公民一・二五億，比弗萊克斯納發表報告時增加了四千萬，而美國新培養出來的醫生卻比一九一〇年還少。即便如此，美國醫學協會的醫學教育委員會還斷定醫生過多，命令削減醫科院校的招生。

直到這個時候，在醫生職業中反猶主義者還是人數極少、影響微弱和孤立的。但在二〇年代關閉不夠格的醫科院校和三〇年代執行美國醫學協會的計劃過程中，申請學醫的猶太人首先感到了兩頭受排擠。各州和大城市的大學減少了非本地居民的入學人數，而私立大學則試圖通過擴大新生來源的地理分布來加強自己的世界主義形象。這兩股浪潮都災難性地大幅度砍掉了猶太人入學的人數。

由於猶太人居住在幾個大城市裡，州立學校以外的學校不歡迎他們。而且在私立大學裡，他們又受到配額制度的限制。所以，如願以償地進入紐約市立大學這所也許是美國當時的一所猶太學生占優勢的學院，其人數在三〇年代下降了三分之一，而非猶太人學生的人數只下降了幾個百分點。在哥倫比亞大學內外科學院，猶太人報名者被接受入學的人數下降了將近三分之二。一九四〇年，在科納爾大學，報名的猶太人人數為七〇〇而非猶太人為五〇〇，但配額制度規定的比例是，猶太人中七十個取一個，而非猶太人中則是七個取一個。

總的來說，由於美國醫學協會提出了醫學界在經濟上允許吸收的醫生數量，醫科學校中猶太人入學人數下降了三分之一。

同時，猶太醫生還受到另一種傷害。在美國醫學協會的命令下，州委員會減少了發給在國外受訓的醫生，即那些由於在美國國內無法或難以進入醫科學校而去國外留學的美國人的開業執照。一九三一年，海伍德。布龍在其《只收基督徒》一書中，提供了招生方面的一些歧視性做法的證據。但在該書發行之後，各方面條件之惡劣，有增無減。美國醫學協會的限制入學政策和大學配額制度一直延續到五〇年代。

在這段時間裡，最有諷刺意味的是猶太醫生對醫科大學預科班中猶太學生的態度。前者把後者視作未來競爭對手，還把他們視作喚醒反猶主義的潛在原因。有一個觀察者注意到，「猶太醫生發出怨言，要求採取有組織的措施來限制醫科學校中的猶太學生人數，是屢見不鮮的現象。」它只是猶太史上的又一個小小的例子，說明猶太人是他們自己的最壞的敵人。

5．猶太醫生與病人

在前幾十年中，遺傳學家發現了一些專門為猶太人所感染的輕微疾病：泰一薩二氏病，即家族黑蒙性白癡；尼一皮二氏病，即類脂組織細胞增多症；扭轉張力障礙；高歇氏病，即家族性脾性貧血，布盧姆氏綜合症，還有家族性自主神經機能異常。這些病患的影響不大，患者好像多數是阿什肯納茲猶太人和東歐非猶太人。猶太人所患的疾病中最普遍的是糖尿病，它在猶太人中的患病率為人口其餘部分的二到六倍。不過這不能用來解釋為什麼猶太人離不開醫生。

很明顯，猶太人拜訪醫生的次數大大多於拜訪拉比的次數。他們之所以會形成世界上最高的醫生——病人比，肯定有一種強制力，一種對於患病的恒久的預期在起作用。

很久以前，《塔木德》就提出過告誡，要猶太人別在沒有醫生的城市裡居住。猶太人把這一訓示銘記在心，但又始終保持著一種對醫學科學和醫生本人的深深的懷疑論態度。考慮到猶太人為醫生職業所吸引的程度，這又成了一個悖論。在猶太人看來，疾病的確診（其他群體對此往往感到懼怕，因為它使病人認為自己是健康的這一幻想破滅了）是件值得歡迎的事，因為根據他們的悲觀主義的看法，「醫生只會使病人放心，因為在大多情況下，病人總把病痛的原因想像得比實際狀況凶險得多。」

然而，猶太人就是缺少其他群體對醫生的那種盲目信賴——他本人才是最後的裁決者。對「猶太病人來說，病痛原因的確診是一件過於性命攸關的事情。為此他找出了一個不同的解決辦法。一個醫生會搞錯，而幾個醫生都誤診的可能性就小了，所以他為了找到病痛的原因就去拜訪幾個醫生，而不是只找一個醫生。」

就這樣，猶太人永遠想把自己的案子遞交給一個「更高的法庭」，永遠在尋求著一個「更高明的」專家。

「與其他族類群體不同，他不能無保留地接受專家的意見，因為他自己是最高的權威……只有病人自己知道什麼是於己最為有利的……猶太病人的這種行為折射出一種價值體系，這種體系是在漫長歲月中發展形成的，它由父母傳遞給子女，並在猶太人同一個充滿敵意的世界的悲劇性交互作用中得到了強化，在那個世界中，一個人在生死存亡的問題上，唯有依靠自己和自己的家人。」

6．猶太醫生對病理學的影響

自第二次世界大戰以來，至少直到最近，關於社會或族類病理學的比較研究遭到冷落，然而族類意識的增強卻使黑人認識到自己對鐮形細胞貧血症和高血壓的易感性。那些一度被認為是猶太人特有的病患，現在在美國人中已較為普遍了。可以看出，在今後的二至三代人的時間裡，美國猶太人特有的體質上的疾病將會消失。猶太特性將日益成為一種心靈的狀態，而不是一種肉體的狀況。

在人們越來越少聽到猶太人特有的體質疾病的同時，他們卻越來越多地聽到猶太人特有的精神問題。也許這種變化是伴隨著猶太人在現代世界，尤其是在美國的地位轉變一起產生的。除了困擾現代公民的那些正常的生存焦慮之外，猶太人更缺乏保障，因為在一個世俗文明中，猶太人的「自我確定感」已無處可依。

不管這種哲學上的混亂和精神上的極度痛苦原因何在，猶太人總是屬於最早到心理學家、精神病學家、精神分析學家和精神治療專家那裡尋求解脫的群體。事實上，猶太人在這些學科的建立中發揮了相當大的作用，而且在資助這些學科方面也發揮了同樣大的作用。

沒有一種手藝、行業或專業能像心理學和精神病理學領域那樣為猶太人所獨占。種種估算表明，全部精神病理學家中有30%是猶太人。猶太人在這裡所占的份額如此不成比例，顯然使下述觀點有了真實性：心靈的開發不僅是猶太人的一項愛好，而且還是他們的一門專業。精神病理學也許就是今天世俗的猶太教法學。現代猶太人對精神病理學的興趣，當然是自西格蒙德·佛洛依德為始的。佛洛依德及其維也納小組的大多數成員都是猶太人。不過，他們的猶太教在猶太世界中始終是某種成問題的東西。同卡爾‧馬克思不一樣，佛洛依德為自己的傳統而自豪，從來沒有掩蓋過自己的猶太人身分。但是，他雖然承認自己的祖先，卻不信猶太教。不過在弗朗茲‧約瑟的奧地利，甚至這樣承認一下也不是一件簡單的事，因為那裡的反猶主義特別會傷人。正因為如此，佛洛依德的一位猶太人朋友，馬克斯‧格拉夫考慮把自己的孩子養育成一個基督徒。

對此，佛洛依德反對說：「如果你不讓你的兒子成長為一個猶太人，你就剝奪了他的那些力量的源泉，而這些力量是任何東西也代替不了的。他將作為一個猶太人而奮鬥，你應該開發他身上為進行奮鬥所需要的全部力量。不要剝奪他的那種優勢。」

佛洛依德明白，他的理論如果不是出自於一個猶太人的話，就不會像現在這樣難以為人接受。詩人海涅在這幾年前就曾說過，受洗是「進入歐洲文明的入場券」。如果佛洛依德皈依了基督教，他的觀點所受到的抵制可能就會小一些；然而，他的精神分析概念並不同情有組織的宗教。佛洛依德感覺到他的那些天主教國人們多疑的目光。

「我並不堅持認為這種懷疑是毫無根據的，」佛洛依德寫道，「如果我們的研究把我們引向一個結果，在那裡宗教被還原為人類的一種精神性神經病狀態，並以我們在說明個體病人的精神性神經病纏結時所應採取的方式，說明了宗教蔚為壯觀的權力，那麼可以肯定，我們在這個國家裡會招來這種權力的最大的怨恨。」

某種程度上，實際發生的情形正是這樣。佛洛依德和別的心理分析學家在臨床治療中發現，一些病人的儀式活動和妄想同基督教和猶太教的制度性信念和教習之間，有著驚人的相似。

佛洛依德對精神分析學的貢獻是意義深遠的、多方面的和巨大的；也許他的研究的核心是對父親和兒子之間的俄狄浦斯情結（戀母情節）的描述和解釋。這種衝突是個體性格形成中的一個關鍵因素，佛洛依德把它同許多人類活動：夢、謊語、文學、神話、藝術和宗教，聯繫在一起。父子之間的敵意和對抗是家庭生活的核心動力。宗教不過是家庭內部互動的一種宇宙規模的投影。

佛洛依德在猶太教中找到了一種「超我」宗教的完美例子了猶太人由於一種無意識的犯罪感，始終處於一種生怕得罪無處不在的「父親」的焦慮狀態之中。因此，他們永遠在試圖通過把一系列沒完沒了的規則法律依附於「他」之上來慰撫「他」。

佛洛依德在他的最後一本著作《摩西與一神教》中，簡潔地提出了這一問題：

在摩西本身的宗教裡並沒有什麼東西直接表達了殺人者的仇父心理。只有一個對此做出的強烈反應可以使它顯現出來：因這種敵視而生的犯罪意識，因對上帝犯下的罪孽和繼續犯罪而生的內疚之心。這種負罪感，這種先知們持續地保持著其活力的感覺……巧妙地遮掩了它的真正起源。人們在艱難時期相遇……它變得不那麼容易同這樣一種幻想相依附了……即他們是上帝的選民……只有受他的懲罰才是他們理應獲得的東西，除此之外，沒有更好的東西，因為他們沒有遵守律法；這種需要，即給負罪感以滿足的需要，是滿足不了的，使得他們把宗教戒律越搞越嚴厲，越搞越精細，不過也越搞越瑣碎……它（負罪感）有一種永遠不會完結的特徵……對這一點我們在強迫性的精神神經病的反應一形成中，已經很熟悉了。

7．佛洛依德的精神分析

有觀察家指出，對於分析家來說，猶太教仍然是「一種僵硬的強制體系的樣板，這種體系由罪惡、奴性、焦慮以及對一個不在的上帝的無意識忿恨這些要素組成。」

簡單地說，佛洛依德把猶太教看作一個規模巨大的俄狄浦斯情結。由於佛洛依德的學說把上帝的形象（通過展開還把宗教的形象）侷限於一個被謀殺的男性家長，一些批評者因此把精神分析學說稱之為一門「猶太科學」。佛洛依德知道這種批評。可以看出來，這就是促使他提名榮格，一個持有與他明顯不同的概念的非猶太人，擔任國際精神分析學會第一任主席的有力動機。佛洛依德知道，自己的猶太人身分會引起衝突；不過從某種角度來看，這是很中肯的。

「最先提倡精神分析的是一位猶太人，這完全不是一件偶然的事情，」佛洛依德指出，「要承認這一新理論中的一個信念，就需要做好一定的準備以接受人們的群起反對——而對這種處境沒有誰比猶太人更為熟悉了。」

佛洛依德關於猶太教的精神分析式的評論，對受難即贖罪這一猶太人的基本傳統提出了懷疑。正統觀念堅持認為，內疚和自責優於無意義的受難。不幸是懲罰的一種形式，而自責是為在一個冷酷和看上去毫無意義的世界中發現意義而付出的代價。

從這個角度來看，猶太教的主要信條之一，就表現為一種奇想和一個圈套。一位注釋者寫道，這是「對一個悲鬱的、戰敗的共同體的歷史困境的一種極大的、狂妄的和浮夸的解釋錯誤。到今天還可以找到以這樣一種觀念自欺的猶太人，即似乎猶太人的苦難和軟弱具有某種為人類贖罪的重要性。」

佛洛依德就此留下了一筆充滿矛盾的遺產：他既為自己是一個猶太人而感到驕傲並

堅持認為自己是這個部落的成員，同時，他又是不信教的，並理性地擺脫了宗教的迷幻。他同任何宗教活動都是疏離的，能夠宣稱「我不相信今天『存在著』一個至高無上的上帝。」

佛洛依德力圖按照達爾文的秩序從性質上描述一個不具人格的力量系統，這種描述將成為認識人類心靈的關鍵。對一神教上帝的信仰把人們引入了一個死胡同；它沒有說明心理過程，而是造成一次「短路」，把人們在內疚和焦慮之間推來推去。

佛洛依德的精神分析對制度性的猶太教完全不是一種理性的慰藉，但它確實為受壓抑的猶太人也為其他人打開了閘門。自那時起，猶太人一直在心靈的田野上耕耘著。

第6章

猶太人在藝術界

1．猶太人對藝術的覺醒

猶太民族到底有沒有猶太藝術？近年來人們帶著越來越大的困惑一再提出這個問題。人類活動的各個領域中也許沒存一個像藝術領域這樣有爭議——除了宗教以外。已故的巴尼特・紐曼指出的，評論和美學批評同藝術的關係之密切，猶如禽學之於鳥類。如果把美學和神學攪在一起的話，肯定會引起混亂。

但是猶太人有沒有所謂的猶太藝術呢？答案是從猶太人的經驗中，並看不出猶太有什麼高雅的藝術。民間藝術，有，那是裝潢修飾之類的東西；在西方所謂的藝術作品，它並非是入流的。然而，這情況在今天已經全然地改變了，猶太人正津津有味地從事著藝術世界中的一切類型的活動：作為藝術家、美術經紀人、收藏家、批評家、美術館館長、藝術顧問以及藝術贊助人。

事實上，當代藝術舞台有著強烈的猶太風味。在某些圈子裡，美術經紀人被稱為猶太黑手黨，因為他們掌握著權力、聲望，還有一切的一切：金錢。而且就像家族頭目一樣，影響也經過巧妙分配：多年中沒沒無聞的藝術家一夜之間被捧個功成名就；成功在斷頭台上被斬決得如此麻利，以致雖已身首異處卻還渾然不覺。

猶太人之所以被吸引到藝術世界來，其原因是很多的，複雜且奇特。說兩者彼此相近，可以解釋猶太人這方面，但解釋不了藝術那方面。不過，首先需要注意的，還是藝術家和猶太人之間的一種強烈的、明白清楚的相互同情。兩者都處於主流之外，因而產生了一種移情——一種在流落異國的遊子或海外遊客中常見的現象。世界不理解他們，他們就離開這個世界：猶太人躲進了猶太教，藝術家躲進了波希米亞。

毫無疑問，這兩個世界有明顯的區別。正統的猶太人過著高度結構化的生活，遵循著虔誠生活所有的不多不少六百一十三條準則（二百四十八條應做的和三百六十五條不准做的）。藝術家生活在一個開放的社會中，很少受到約束，並且永遠樂於進行嘗試。以他們各自的生活方式來看，兩者天差地別，把他們連在一起的只是他們的孤立。

在上一代人前後，基本格局變了，但這種相互同情仍在。主流把猶太人和藝術家同樣吞沒了，在美國的許多地方，這兩個群體現在都受到人們尊敬。於是，猶太人在歷史上第一次一批批地湧向藝術。

在整個歷史上，猶太手藝人作為玻璃匠、編織匠、銀器匠、鑄幣匠、木雕匠和木匠，一直享有很高的聲譽。從皮帶扣到書櫃，猶太人在一切東西上發揮著自己的天賦。他們的作品大多用於平淡無奇的日常生活，但也有一些最精巧的技藝是為禮儀和宗教而保存的：神聖的約櫃上的木工製品、托拉經書護板上的精緻銀飾、羊皮經卷上的書法還有傳統的結婚戒指。不過，猶太雖然具有第一流的技藝，卻沒有繪製或雕塑過任何表現人類形體的東西。人體受到尊崇，但不是希臘，羅馬傳統的那種尊崇。

而且，猶太人作為一個群體被認為不是以視覺為導向的人。二十世紀偉大的猶太哲學家馬丁・布伯爾觀察到，早期猶太人「與其說是一個視覺的人，還不如說是一個聽覺的人……猶太文字作品中最栩栩如生的描寫，就其性質而言，是聽覺的；經文採納了聲響和音樂，是暫存的和動態的，它不關注色彩和形體。猶太人好像沒有看見自己瞧著的東西，而是思維著它們。」

另一位觀察者卡諾夫指出，猶太人和阿拉伯人共同具有一種「缺乏從事形象藝術的天資的閃族特性」。就其實際效果來看，猶太人不像基督徒那樣需要藝術。猶太教只通過書寫的字詞來傳授傳統和講述歷史，而基督徒利用色彩鮮明的裝飾、著色的玻璃窗戶、浮雕和塑像來向不識字的農民講述基督的故事。所以基督教藝術描繪出一個高度人格化的有血有肉的上帝。這同猶太人關於上帝的觀念格格不入。猶太人對具象藝術不無疑慮，把它看作異端的婢女。

聖經禁止表現人的形象。在《出埃及記》中，《十誡》之二，就訓誡道：「你們不可為自己雕刻偶像、也不可作什麼形象，彷彿上天、下地和地底下、水中的百物。」（第二十章第四）這個禁令由摩西在走下西奈山之後昭示於以色列人，並成為猶太教的基本信條。這樣就禁止了描繪人的肉體、雕塑人類形體（「你要為我築土壇，不可用鑿成的石頭，因你在上頭一動家具、就把壇汙穢了。」（第二十章第二十五），為的是以色列人的兒童不再回到異教徒那裡去。

直到不久以前，人們還以為猶太人在絕對的信仰下恪守著這些禁令。然而，在敘利亞的杜拉歐羅波斯發掘出了一個公元三紀的猶太教會堂，裡面有具象的人物、聖經記載的事件和一連串的夢景。這是一個重大的發現（雖然以後還有其他的發現），因為它把猶太藝術帶入了人們的視域。一步一步地，猶太藝術家越出了《聖經》立下的規則。

到十四世紀文藝復興的藝術在歐洲如雨後春筍般地出現之時，教會成了藝術的大讚助人，有幾個猶太藝術家甚至到了畫裸體和半裸女性的程度。「你們不可露出裸體」的告誡，慢慢地變得不相干了。

印刷機的發明看來加速了走向具象藝術的步伐。然而，猶太人既成體制堅持古時候的觀點，把藝術看作一種「使人虛弱的奢靡之症候」，並認為藝術還具有一種暗害和破壞的作用，會使人背離對上帝的崇拜。你要是製造雕像，就會有一種危險，「你將被引走，跪拜它們、事奉它們。」猶太人的藝術能力仍然集中在裝潢猶太教會堂和製作禮儀性的物件上。對於畫家和雕塑家來說，歌頌英雄和紀念性的作品是很平常的，但它們不屬於猶太人的傳統。

所有這一切到二十世紀全都改變了。猶太人擺脫了幾千年儀式主義禁忌的壓制，帶著一股激情走進藝術世界。啟蒙運動和隨之而來的猶太人的解放，造就出這一新被發現的自由。猶太人的解放還使那種緊繃繃的猶太共同體結構和歐洲猶太人居住區土崩瓦解。這個運動對藝術世界來說是生產性的，但對猶太世界來說卻是反生產性的。

2．猶太人登上國際藝術舞台

在現代史上，猶太人第一次開始描繪猶太人自己的意象。一個藝術批評家論述道，「猶太人的宗教生活只要還充滿著活力，就不會同藝術結伴；所以，畫『宗教』終於問世之時，就已象徵著猶太人居住區的潰散和宗教生活的終結。」現代猶太藝術家的發展是猶太意識形態的權力消散的結果。

從二十世紀交替的時候開始，猶太人迅速登上國際藝術舞台。在一九二〇年到一九四〇年巴黎是歐洲猶太人畫家的故鄉——他們差不多形成了一個到他們自己為止的流派，他們的領袖是哈依姆・蘇蒂恩，還有諸如朱爾斯・帕撒和馬克・夏卡爾這樣的傑出畫家。蘇蒂恩對現代藝術帶來了巨大的衝擊，但他的畫沒有一點猶太特色，而且如果稱他為猶太畫家還會令他勃然大怒。夏卡爾的作品更容易使人想起猶太人的主題：對俄國猶太人居住區的懷舊、沿街叫賣的小販們的生活和俄羅斯的祖先。然而，他也十分堅定，不肯被人稱為猶太畫家：「我是一個畫家，僅此而已。」

這裡清楚地顯現出猶太文化的種種奇妙悖論中的一個，一千多年來，猶太人一直規規矩矩地恪守著宗教律法，沒有生產出任何偉大的造型藝術作品；現在，猶太人不再受約束，他們創作出了偉大的藝術作品，但這種藝術卻不再有什麼猶太特色了。

這一悖論在哪裡也沒有比在美國表現得清楚，因為美國已經成了藝術世界的中心。猶太藝術家第一次有重大意義的亮相是在二〇和三〇年代，他們同社會寫實主義和政治抗議藝術一起出現。這一流派中有許多猶太人：哈依姆・格羅斯、傑克・萊文、莫里斯・坎特、班・沙恩、拉斐爾和摩西・索耶、索爾・斯坦伯格、亞伯拉罕・沃爾庫維茨和馬克斯・韋伯。這些運動中另有許多藝術家不是猶太人，如：霍珀、馬什和斯隆。現實主義風格雖然沒有內在的猶太特點，但猶太人可以並且的確利用了民俗人物和象徵——海狸皮帽子、紐約下東區的街道、禮儀場合、猶太教燭台、希伯來語字母和「大衛之星」（猶太教六角芒星）。到這個時候，猶太人的集體經驗終於在藝術中得到了表現，當然，社會寫實主義流派總的傾向更廣泛地同美國環境中的歐洲風格相聯繫。

第二次世界大戰標誌著藝術的一個轉折點——印象派和寫實主義在某種意義上屬於十九世紀。上述作品已經把形象風格同猶太象徵主義結合成一種辛辣的感傷性東西。也許它不僅是一種移植的藝術，還是新近獲得自由的那些藝術家的第一代藝術。

抽象印象派在四〇年代和五〇年代興起，此時，象徵主義已經過去。一位較有眼力的藝術批評家，已故的哈羅德・羅森堡寫道，「自從第二次世界大戰以來，一幅畫中的猶太參照物越來越成為不利於該畫成其為一幅好畫的唐突之處。」

猶太藝術家不是無法就是不願意表現自異端裁判所或聖殿倒塌以來猶太人的一些最為悲劇性的經歷：納粹大屠殺、解放，或者以色列國的誕生。用一個美術館館長的話來說，「這些經歷在視覺藝術中很少得到直接的表現。」

戰後崛起的那些猶太藝術家拋棄具象藝術而投身於抽象印象派、流行藝術、視幻藝術、活動藝術、色彩派和概念藝術。

老的猶太原型和象徵不再具有相關性，因為那些不屬予極端正統派的美國猶太人，在全然不同於其父輩或其祖父輩的環境中創造出新的形象。

用羅森堡的話來說，老的形象降為「殘留在神學院學生、文藝節目籌備人、花商和葬禮司儀的美學中的細節。」並說「猶太人聯合募捐會的運動或者在曼諾宮舉行的家族慶祝活動，可能激發出新的藝術來。」看來也不像。

具象藝術既已過時，當代猶太藝術家的猶太特色又是什麼呢？如果不存在猶太人的主題和象徵，那猶太藝術家的作品只有通過形而上的魔術——一種在濃煙中進行的作業，才能被稱之為猶太藝術。有些批評家提出，整個現代抽象藝術都具有特殊的猶太特性，因為它同摩西七誡的第二條是吻合的。不過，抽象派畫家只創造出單一的和獨有的形象，同群體經驗，不管是猶太人的還是其他人的群體經驗毫無關聯的形象。正如林布蘭不會因為畫了拉比就由荷蘭人變為猶太畫家一樣，用猶太教徒祈禱時穿的外套來包羅抽象派畫家也沒有多大的意思。

人們可以對種種集體的創作運動，如法國印象派、立體主義、巴洛克風格和原始藝術等，做出正確的區別、定義和分類，但對猶太藝術就不行。到現在為止，不存在猶太流派——沒有什麼專門的技巧或者共同的主題把猶太藝術家結成一個整體。何況大多數碰巧是猶太人的現代藝術家都清楚這個兩難境地：藝術家要想得到普遍接受，就不能在一種古老的教義、一種感傷的懷舊之情，或一種準宗教標題的並列之束縛下進行創作。他必須使用自己認為同眼中看到的世界相適合、相切近的象徵、形象、人物和觀念，而不是將眼中看到的世界去投合自己猶太背景中的傳統價值觀念。

從這一點來說，拉里・里弗斯的《巴爾米茨瓦的肖像》，以及它的模板印製品的「被否決」，同夏卡爾的《白色十字架上受刑》或《綠色的小提琴手》一樣，都是一篇有效的聲明。

馬丁・布貝爾的這段話說得對：「在生理和心理的散亡狀態中，不可能發展出一種被充分意識到的猶太藝術。這樣一種民族藝術要求藝術家們有一個共同的起源和經驗，而這些條件只能存在於猶太土壤上和整體的猶太文化中。」

3・為什麼要把那些錢掛在牆上？

不管有沒有「猶太藝術」，猶太藝術家和在藝術世界中活動的猶太人卻為數甚多。從徹底摒棄藝術到絕對宗奉藝術，猶太人兜了一個圈子。直到前不久，羅斯柴爾德的表現還可以作為對待藝術的那種流行態度的典型特徵。在別人向他出售一幅作品時，這位羅斯柴爾德銀行倫敦分行的創始人說：「不能把錢浪費在繪畫上面。」

直到倫敦首席拉比派了一位美術經紀人來，他才不無勉強地同意說：「行啦，給我一幅三十英鎊的吧，我不在乎哪一幅。再見！」不妨說，銀行的圍牆和他對文化的感受，是同樣的一片不毛之地。

然而，這種態度還繼續存在。在世紀交替的時候，一位名叫萊塞・尤里的畫家談到，「一個猶太藝術家從基督徒那裡得到的鼓勵要多於從猶太人那裡所得到的。富有的猶太人在遺囑中也不肯留點財產給藝術。」

夏卡爾在第二次世界大戰期間淪落紐約當難民時，也曾抱怨過猶太人對他的作品不感興趣。他得到的贊助大多來之於天主教徒收藏家。

夏卡爾現在被列入猶太藝術家中的精華，他的作品使紐約的林肯中心和耶路撒冷的以色列國會生色不少；而猶太人現在在贊助藝術家方面也成了領頭人。猶太人可能已經變得較有文化意識，也可能根本沒變。不過，他們肯定屬於最早意識到現代藝術是一種不壞的投資的人。

但有些猶太富翁仍用審慎的目光來看待藝術，像羅斯柴爾德那樣的態度還沒有完全消失。舉例來說，倫納德・斯特恩是赫茨山食品公司的首腦，在六〇年代很有遠見地把自己家族的企業公營化，從而當上了美國猶太人中的首富之一。這家寵物食品企業使他一夜之間成了百萬富翁，他擁有公司的一千萬股股份，價值一度達到5億美元。

「我無法理解藝術的價值，」斯特恩曾說過，「我不明白那些錢為什麼不拿來生息而去掛在牆上。」

許多成功的猶太人自然不同意這種觀點，他們知道投資現代藝術是自從發明複利以來，複製鈔票最快的方法之一。其中最出色的那些人，如已故的鈾之王喬·赫什霍恩和輪船出租業務經營者羅伯特·斯卡爾等，都因為收藏品升值而賺了大錢。聯合食品公司的內森·卡明斯和蓋科保險公司的大衛·克里格也一樣，他們兩人都收藏現代作品，但相對來說，是在悄悄地收藏。

在上一代人的眼中，發生變化的不是藝術家的價值，而是藝術家的作品的價值。杰克·萊文的父母並不想讓兒子當藝術家，在他們的頭腦裡，幹這一行足以保證一個人窮困潦倒。他們稱之為「窮人的行當」，還一點沒說錯。藝術品即使有價值，那也是藝術家身後的事。

然而，在第二次世界大戰以後，由於許多因素的共同作用，這古老的一幕發生了變化。約瑟夫·杜維恩，這個不同凡響的藝術團體總管，曾同老的繪畫大師和新的百萬富翁下過中國象棋。對各種風格的作品，尤其是現代藝術和抽象藝術作品的大眾需求都增長了。藝術品的收藏中加入了新的要素——投資價值。

猶太人也許第一個正確認識了新的藝術和這個新的要素。悉尼·賈尼斯屬於美國第一批察覺這一潮流的人。

4．新現實主義

美術經紀人的披風，差不多就像十八世紀婦女騎馬時穿的色彩斑斕的大氅，這件用黃金、閃光物和榮耀織就的精美服飾，為進入各種世界——社交界、學術界和人文世界提供了一條捷徑。這是進入邁達斯王國（邁達斯是希臘神話中弗利治亞的國王，貪戀財富，曾求神賜給點金術。這裡藉喻為黃金之地。）和豪放不羈的藝術世界的護照。它可以在博物館的純淨的空氣中穿著，也可以用來藏匿小販，遮庇學者，或者妝扮藝術團體的總管。美術經紀人，至少成功的美術經紀人扮演了其中幾個或全部的角色，有的是同時扮演，有的則是在整個生涯中輪換扮演。

美術經紀人不經管博物館，也沒有規定他唯一的任務是提高公眾的趣味。不過，說不定他個人的愛好正在這些方面。然而，在一個租金昂貴的地區，要生存下去、發達起來，就必須經營價格同樣昂貴的精品傑作。有些美術經紀人就是商人，不過他經營的不是牛雜或大豆期貨，而是已經成名的藝術家，大多是已故藝術家的作品。他們像買賣任何產品一樣，買賣著這些作品。幹這一行比芝加哥商會中的經紀人更需要精細、眼力和知識，但不需要那些手勢示意動作。從根本上說來，他們還是同行。別人在他們身上感覺到一種教育者的風範。

經營先鋒派藝術的經紀人大多是美學上的福音傳教士，醉心於征服的十字軍騎士，事業的幹將。他們一馬當先，砸開大門，攪翻正統的學院，震懾資產階級，收服異教徒，把他們自己的藝術眼光推銷給大眾。簡而言之，他們以美學上的貶詞惡語來為某一事業鳴鑼開道。

在一種的參照框架建立起來，一種新的「美學」在藝術舞台上出現之前，也許已經過去了二年、五年，甚至十年的時光。更亂糟糟的是，可能有好幾種藝術潮流同時在生產大量的作品。一個美術經紀人在範圍上很少能掌握幾種模式，在時間上也極少能跨越相繼興起的幾種藝術風格。

悉尼・賈尼斯卻做到了這一點。賈尼斯是一個年逾七旬頭髮灰白的老人，他的生命跨越了好幾個藝術世代。就這一點而論，他在紐約的美術界是絕無僅有的。

作為賈尼斯美術館的館長，他在四個年代中一直是美術潮流的定步人和造就者。他安排一九六二年的第一次國際流行美術展，這次展出引起了很大的爭議，並導致當時占主導地位的美術家群體，抽象印象派美術家大量退出他的美術館。這個命名為「新現實主義」的畫展超出了賈尼斯的美術館的容納能力，他在第五十七大街上租了一個鋪面，把餘下的作品陳列在這個位於底層的美術館裡。羅斯科、馬瑟韋爾和戈特列布一起以退出美術館作為抗議。

對賈尼斯來說，藝術流派之間的衝突完全不是新鮮事。差不多十年之前，德・庫寧的一個以女人為題的畫展招致了抽象印象派同道的各種各樣的漫罵。這次又來了，而且喧囂更厲害，決裂也表現得毫不含糊。

「我跟他們說，我也曾展出過他們的那些不如前一代美術家——現代美術的大師，畢卡索、萊熱以及其他人——的作品。我弄不明白這些抽象印象派美術家同年輕的流行藝術家的競爭。頭一條就是，這些畫家已經功成名就，一幅畫可以賣幾千美元，而流行藝術家的作品一幅才賣幾百美元，」賈尼斯說道，「在這樣的並列中，不存在競爭。」

悉尼・賈尼斯是個體經營者，他一度是服裝製造商和業餘藝術愛好者。在他決定開辦美術館之前，已經收藏了二十多年的美術作品。賈尼斯同其夫人（當時她擁有自己的爵士音樂錄音公司）一起蒐集起一套巴黎畫派的作品。在歐洲旅行期間，他同萊熱、畢卡索、馬蒂斯還有克利見了面，以後又結識了米羅、達利和恩斯特。他還一直在撰寫美術著作，認識一批人數可觀的收藏家並享有很好的聲譽：現代藝術博物館曾在一九三五年展出過他的收藏品。其他博物館也紛至沓來，提出同樣的要求。為什麼不把自己從一九二六年來一直作為業餘愛好來做的事當作職業來辦？為什麼不開一個美術館？

5．美術界的大哥大

五〇年代初期，紐約美術界是歐洲人的一統天下，美國藝術家沒有觀眾。「五〇年代初期的美國畫家中哪幾個是知名的？阿西勒・高爾基、斯圖爾特・戴維斯，差不多就這幾個。我記得高爾基死後，他的畫每幅賣四百五十美元。」

「波洛克在一九四六年創作出第一幅滴畫，這幅畫我在一九五五年以二百美元賣掉了。買主是一個音樂家。」賈尼斯說道，「他當時堅持要我保證可以退貨。」不過音樂家沒有真的來討還他付的畫款。六〇年代這幅畫出現在蘇士比的拍賣品中，賣價為一四五〇〇美元，增值七十三倍。買者是誰？是悉尼・賈尼斯本人。

一九四二年的一天，為了積累資料寫一本書，賈尼斯來見李・克拉斯納，波洛克的妻子。她領他來到波洛克的畫室。在那裡，賈尼斯發現這個托馬斯。哈特・班頓十年前的得意門生正在創作一幅有點墨西哥風格的畫。那時波洛克對動植物的形狀仍有興趣，但有兩幅畫已表現出完全抽象的傾向。賈尼斯問他能否讓他請一個攝影師來拍張照，得到的回答，令人失望。「照片說明不了問題，這幅畫的結構在黑白兩色中根本反映不出來。」賈尼斯後來說，波洛克整個下午再無一言，但卻給他留下了深刻的印象。

「我是第一個參觀波洛克畫室的作家。」

是美術經紀人造就了藝術家的名聲嗎？「不，不是美術經紀人；批評家也往往落在後面。新的潮流和運動不是一種買賣上的事情，它們是一炮打響，自己就說明了問題。威廉・德・庫寧的作品第一次展出時只賣掉兩幅，而他當時並不比現在畫得差。這只是一個趣味跟不上的問題。」賈尼斯說。

「抽象印象派畫家的市場曾出過一件離奇的事，」賈尼斯繼續說道，「這件事發生在一九五六年八月，就在波洛克悲劇性地死於車禍之後。你知道，波洛克自成一套，是一個調皮孩子，他的死引起公眾很大關注。收藏家們也來勁了。一下子，波洛克、羅斯科還有德・庫寧以及這個流派的其他所有人的作品，頓時身價百倍。」

這裡面有點令人心酸的諷刺意味：飛來橫禍可以帶來生活帶不來的東西。酗酒是抽象印象派天地的一個部分，它是向原始階段的回歸，是驅除美國中層階級生活中的妖魔鬼怪和打破令人窒息的客廳禁令的一種方式。屍體解剖表明，波洛克的肝臟早被酒泡得差不多了，死亡已經迫近。然而，如果波洛克是自然死亡的話，它對整個藝術市場的影響可能就大不一樣了。

賈尼斯陳列了一打左右的藝術家的作品，他一直保持著這個數目，這同大多數美術經紀人沒什麼不同。他經手過的作品包容多種風格：從吉亞柯美諦的瘦長的裸體到喬治・西格爾從活人身上模塑下造型，再用石膏凝住的姿勢。阿伯斯的方塊在視網膜上玩弄視覺小把戲，但及不上那些流行藝術的大家。

請賈尼斯作經紀人的藝術家都鴻運高照：在大部分情況下，收藏家們對他們的作品需求很大，不得不依次排隊購買，就像在一個人滿為患的麵包鋪裡似的。新作品供應有限，這給賈尼斯帶來了一個解決不了的難題：「你一次只能給一個人寫信。要是你寫信給兩個人而賣給了先來的，後來的那位就會覺得被你耍了。可你交易的畢竟是只此一幅的作品。」而且等到信件在郵途中衝出一條生路，收藏家身臨美術館時，好幾天過去了。一個行商般的博物館，管理人可能在收藏家趕到這幢位於第五十七大街的建築物之前，就已經捲著這幅畫溜之大吉了。

打電話甚至更危險。「如果我給列在名單上的第一位打電話，說我有一幅吉亞柯美諦，那麼還沒等他來就會被買走。如果我說我為他留著這幅畫，那麼他又會覺得我在同他擺噱頭。」這真是一種微妙的處境。

同歐洲收藏家或日本人做生意，更是一場持久戰。通常這同「不要找上門來」的慣例相反，是「我不找你，你自己找上門來。」就大部分情況來看，是誰先來誰拿到貨。

錢這種更加世俗的東西是根據美術家的納稅地位和願望來解決的。對有些人，賈尼斯做好按月支付現金的安排；對需要大量預付款以支付製作費用的雕塑家，適於單獨安排。如果某個藝術家的作品歸賈尼斯專賣而一件作品又沒賣掉，那麼與其把它委托給別人不如乾脆由自己的美術館買下來，賈尼斯寧可借錢給他。他發現這樣做不易引起生硬之感。

作品的價格由雙方共同商定。「在價格問題上，我常常要同藝術家們幹上一仗，」賈尼斯回憶道，「不過，我常常把藝術家對作品質量的感覺考慮在內。他會對我說，『這是我畫得最好的一幅畫，所以我覺得它應當賣多少……』而他的另一件作品可能已經以低好多的價格賣掉了。」如果美術經紀人聽之任之的話，有些藝術家顯然會一味抬高作品的價格，一直搞到找不到市場。「我不喜歡撇開藝術家自個兒定價。另一方面，我得承認，我老在爭取把價格定得低一些。」賈尼斯承認道。

賈尼斯把大部分藝術作品賣給博物館。他有一批活躍的老買主，即十五家左右的博物館，加上一百個左右的收藏家。屬於外圍的買主是美術經紀人以及勁頭不那麼足的玩票式收藏家，還有極少的過路人。在紐約市，美術館，常常還有大學，對一般公眾自然持歡迎態度。周圍地區也會安排對團體開放的美術館的旅遊，藝術類學生一直是美術館的常客，還有成群的專門學校學生——她們都是原初收藏家，因為日後她們會說服自己的丈夫來收藏藝術品。賈尼斯覺得女性更有鑒賞力，所以他對這些群體持鼓勵態度。

出現在收藏家名冊上的都是些什麼人？對於「現代藝術的那些大師」的作品，有一批國際常客，正如有一個國際市場一樣。對於美國藝術家的作品，收藏者主要是美國人，不過德國人、瑞士人和英國人買走的作品的數量正在增加。「德國人總愛冒險，不是在藝術創作上，而是在藝術鑒賞上。他們對把一大筆錢花在一件作品上不無猶豫，卻常常把這樣大筆的錢化整為零，買了許多件美國年輕人的作品。」

有許多收藏家在自己這輩子中就賺了錢。賈尼斯認為除了惠特尼、洛克菲勒和古根漢等家族之外，那些世代巨富很少有錢流入現代藝術中來。收藏者購買藝術品，很少是為了把藝術品饋贈給博物館或其他公共機構以得到減稅的優惠。「過了幾年，他們可能會覺得自己收進太多了，決定送掉一些。但這不是他們的初衷。」同樣，他們買藝術品也不是完全作為一種投資。「這是一種文化收益，它可以提高一個人的聲望；其次，收藏才是一種良好的投資。」

賈尼斯是否為收藏者提供了很大的樂趣？「提供樂趣？根本沒有這回事。收藏者只有從藝術作品中才能找到樂趣。」賈尼斯給人以一種可以信賴的穩重感，這使他成了一個受人歡迎的美術界的大哥大。

6．卡普蘭基金會

有兩個基金會對藝術世界做出了重大的貢獻，一個是哥利亞基金會，另一個是大衛基金會。福特基金會雖然大得多，但對美國藝術來說，卡普蘭基金卻有更直接的影響。這項基金是一位年屆九旬、精力充沛的老人J・M・卡普蘭的「繼子」。

卡普蘭堅持贊助藝術已有二十多年，從為藝術家個人和鄰近地區的社區群體設立獎金到為舞蹈社團和民間藝術活動提供資金。在美國，對藝術世界的福利很少有人比他做出過更大的貢獻。那常常是一件吃力不討好的事，因為藝術家往往不容易相處。

卡普蘭靠做糖和糖漿生意賺了錢。有一次，他手裡有大量的糖，但需求卻很疲軟。為了給這批貨找個出路，他決定同威爾斯公司這個消費糖的大戶談談。該公司對糖不無興趣，卻不願同他做生意，因為他是一個猶太人。作為一個公營公司，它可看錯人了，卡普蘭這個做股票交易的老手，開始囤積威爾斯公司的股票。他由此掌握了董事會大權後，就把那些反猶太主義經理解雇了。最後，卡普蘭把他在威爾斯公司的股份賣了，轉而從事不動產和有價證券的投資。

「他有一種不可思議的訣竅，能在一個公司馬上就要取得經濟成功之前把它買下來。我看過這些公司的收支平衡表和損益報表，一點也沒看出有什麼不平常的地方，但他卻把它們買下來，而且賺了錢。」卡普蘭的財務主管和會計斯蒂費爾如此說。

卡普蘭對藝術的熱情不是擺樣子的：他的一個女兒嫁給了一個有名的畫家，另一個女兒瓊・戴維森是紐約州藝術委員會的女主席。有一個基金規劃因承擔極不尋常的任務，考驗了一下卡普蘭的堅毅，最後變成了卡普蘭基金會。

一般來說，各基金會對藝術的贊助都採用為雕塑創作、交響樂的演出、管弦樂隊的巡迴演出或者電視記錄片的拍攝提供獎金的方式。而在二十世紀六〇年代中期，卡普蘭基金會卻參與了對一個藝術家之家的贊助。

劇作家羅杰·史蒂文斯，在擔任全國藝術委員會主席期間，從不動產經營者威廉·澤肯多夫處獲悉美國電話電報公司貝爾實驗室的大樓行將出售。這家電話公司已將自己的設施遷至新澤西州，而把這個「碩大奇特而又笨拙的建築」，空無一物的丟棄在格林威治村。

史蒂文斯很清楚，美國缺少像模像樣的藝術家住宅，同時他也知道卡普蘭基金會的興趣就在於改建這類陳舊的房屋來為藝術家提供住房。他們共同商定建立非贏利的西貝思公司以便為購買貝爾的大樓籌措資金。兩家各拿出七十五萬美元作為創始資本。實際購買發生於一九六七年七月十二日，價格為二百五十萬美元。

貝爾實驗室位於西大街和貝休思大街，所以人們稱它為西貝思，它有一段輝煌的歷史，在卡普蘭的贊助下，這段輝煌歷史將以稍有不同的表現形式繼續下去。

7．西貝思藝術村

西大街最廣為人知的發展，也許出現在一九二三年。在此之前愛迪生已經發明了電影。能不能讓電影也開口說話？這裡面主要的技術障礙是如何使電影和聲音同步。克服這個障礙花了十年時間。到一九二三年春天，第一部真正的有聲電影片開發出來了。三年之後，西方電氣公司准許部分為華納兄弟公司所有的維他風公司生產有聲電影。一九二六年，他們拍出《唐璜》使約翰・巴里摩爾，一舉成為明星。一年之後，阿爾・喬爾森在《爵士歌手》中告訴觀眾，說他們「還不曾聽到過什麼聲音」。貝爾的工程師通過實驗證實了電視的原理，並為國際無線電服務鋪平了道路。

西大街的那些多產的科技人員還有其他創造，其中包括慢速高保真唱片、立體聲播音、共軸電纜、數字計算器和晶體管。在西大街期間，貝爾實驗室裡的科學家因為自己的發明創造而兩次獲得諾貝爾獎。這樣說來，從科學轉入藝術雖然有些突如其來，但未必同以往的進程沒有一致之處。

卡普蘭基金會不僅資助了這幢樓房，而且打算協調這同一個屋頂之下的工作和生活空間。這一革新引出了形形色色的問題，藝術的、社會的、經濟的還有官僚主義的問題。其中許多問題被負責改建工程的建築師，一度同馬塞爾・布羅伊爾共過事的那位理查德・邁耶給解決了。

邁耶是帶著一個改建這個物理工廠的方案一起來的，該方案富有想像力，它要把一個工業大企業變為一個居住社區。按照他的設計，一共建造三八三套房間，從具有工作室功能的房間到有三間臥室的套房，各種各樣的都有。為了使房間盡可能寬敞以適應藝術家的工作對大空間的要求，房間內部除了廚房和浴室之外，不再用牆壁分隔。

《紐約時報》對「奧林匹克式的營房」和「屋頂很高，大塊的空間得到利用」這些事實作了評論。《聖胡安星報》由於懷疑發表了一篇編輯部文章，題為《波希米亞人用上了自來水》。

要為這所自由住宅獲得政府許可，不是一件容易的事。分區規劃的最基本的方針之一，就是盡可能將商業和居住設施分開。而西貝思公司卻想把它們結合起來。經過曠日持久的一個個聽證會，它終於獲得一項特殊許可，而其他的市政條例則作了修改。

擔保抵押款的問題和繁雜拖拉的公事程序又攪在了一起。紐約的銀行全部拒絕考慮這個規劃，卡普蘭只得向銀行家信托公司求助，他同這家銀行已有三十年的業務往來。信托公司為工程提供了抵押前貸款。最後，聯邦住宅署同意按照中等收入住宅計劃提供低利抵押貸款，以利息為3%的一〇四〇萬美元抵押取代了銀行家信托公司的貸款。儘管整個項目費時三年六個月才告完成，但這一創新之舉證明，只要給以適當的推動，權限重合的管理機構這一「大象屁股」還是推得動的。卡普蘭基金會提供了這種推動。

起初，藝術家對遷居西貝思感到十分勉強。成白上千個人類創造性之「象徵」擠在一個屋頂之下，這會成為一個什麼樣的「收容所」？「計劃」這個觀念就足以使許多潛在的申請者望而卻步。後來在西貝思公司的總裁，卡普蘭的女兒瓊·戴維森的說服下，一些比較有名的藝術家搬進了這幢大樓。未等工程完工，房間已告客滿，翹首以待的人排起隊來。西貝思公司首先是為畫家和雕塑家設計的，但它向一切藝術敞開大門。有一段時間，居住在這裡的藝術家分屬於三十種不同的藝術門類：演員、舞蹈家、劇作家、攝影師、電影製片人、詩人、小說家、作曲家、音樂家、作家、舞蹈設計師、陶瓷藝術家——甚至還有一個面具製作專家。

「卡普蘭基金會正慢慢地從這一高貴的實驗中脫出身來，在某種程度上它有一種幻滅感，因為要讓居住在這裡的藝術家們心滿意足，看來是不可能的。

「他們似乎以為我們應當永遠供養他們。」基金會的某個合夥人評論說。

在藝術家們舉行了一次拒付租金的活動（一面旗幟上寫著「卡普蘭·威爾斯以房租

牟利」）之後，基金會把托管理事會的控制權移交給一些活躍在藝術界的知名人士。然而，這項事業的價值仍在，因為它樹立了一個為許多國家效法的典範：內城區中心被廢棄的工業建築物，能夠通過改建而重新煥發青春，藝術家能夠由間接的政府補助得到資助，而城市則可以因藝術家們的天資而獲得多方面的效益。

第7章

猶太人的犯罪故事

1．即使犯罪也離不開猶太教

在二十世紀剛剛開始，一個長著絡腮鬍子的中年猶太人跨出渡輪，登上了上紐約彎的埃利斯島，也就是現在放自由女神的小島。他沒有工作、也沒有任何專長，且一文不名。不過後來他卻發達了起來。他活在這個世界上靠的是自己的小聰明，這種素質使他同許多移民建立了良好的夥伴關係。他不是第一個，而且注定也不會是最後一個——從無中生有的人。

同親戚們一起在紐約的下東區安頓下來之後，他開始了自己的營生。打聽到貧民窟裡發生的種種不幸事件之後，他開始去探望住在分租房屋裡的那些正在生病的鄰居。不過在按響門鈴之前，他要先拿下牢牢裝在門旁側壁上的經文銘刻，就是用一個小箱子，裡面藏著抄有《申命記》中詩文的羊皮紙卷，用針或釘子把箱子裡的羊皮紙刺上好多洞，再把箱子重新安放好，完了去拜訪這位鄰居，對病人表示同情。交談之中，他會隨便問起屋主最近有沒有檢查過他的經文銘刻，言外之意是：羊皮紙卷的狀況或許與疾病有什麼關係——兩者當然毫不相干。

主人一旦發現羊皮紙卷已經損壞，一般都會驚恐不安，乘此之機他就毛遂自薦，說他代表一個宗教組織，該組織正好有一些門前用的羊皮紙卷可供選擇。一俟圓滿成交，他就起身到另一戶患了白喉的人家去。這算不上十分高明的騙術，不過當時也不是一個十分精明的時代。

猶太人在各個領域中大顯身手，但卻沒有人會在犯罪領域想到猶太人。這並不是因為猶太人沒有犯罪行為。而是對於一個善於反思的民族來說，這種忽視意味深長。猶太人犯罪被當作一件從未有過的事情，家醜最好還是不要外揚。自然，想到在所有其他美國猶太人的原型：醫生、律師、商人、金融家、美術家、音樂家、科學家和院士中間，居然還有一個猶太匪徒，令人有格格不入之感。最近的態勢使人們不得不承認這一令人不快的事實，因為猶太犯罪分子又一次暴露在眾目睽睽之下。

人們也許可以預期，一個在人類其他種種努力中走在頭裡的群體，在黑社會的活動中也一定不甘落後。然而，猶太人社會病理學是一個難以接受的概念，因為它同宗教戒律和認為猶太人有猶太人自己的一套這種先入之見針鋒相對。

這種標準印象似乎這樣認為——

首先，猶太人的傳統強調鑽研成文法和口頭法，猶太教的一條重要原則是尊重和服從法律，不管是宗教的還是世俗的。把經文銘刻放在門柱上就為了在進出屋子時，提醒他們服從猶太人法律。

第二，猶太人推崇學問，使拉比——教師和有智慧的人得到極高，甚至可以說過高的聲望。在美國，這種聲望轉移到世俗學問上，學成了他們的期望，智力受到讚揚，學歷和高學位為他們所追求，其結果是產生了不少的專業人才，在一個受教育程度與職業地位、學位與掙錢能力相關聯的社會中，猶太人都具有成功的把握。

第三，既然猶太人的價值觀念是他們取得經濟成就的原因，那麼犯罪就不像一種追求目標的方式。用某位社會學家的話來說，「他們從心理上響應通過外部的和內部的勞作來取得報酬的觀念。」因此，猶太人沒有必去偷去搶，因為正常的教養已經使他們建立起這樣的信念：一切所企求的東西最終都會如願達成的。

第四，對猶太人來說，犯罪永遠是別的什麼人，尤其是愛爾蘭人、意大利人、黑人、西班牙人、窮人或者失業者幹的事情。

對教育、成就和社會適應性的態度，在不同族類群體之間有很大不同，這在第一、二代美國人中尤甚。以意大利人為例，其犯罪率從三〇年代到五〇年代，一直都高於美國平均值。

意大利移民他們具有一種截然不同的傳統，特別是那些來自西西里或意大利其他貧瘠地區的人。他們差不多以封建地主的眼光來看待自己的孩子，把他們當作田裡工作的好幫手。教育被認為是一種人力剝奪，因為上課教的東西，不管是古意大利文、幾何學還是地理學，同日常生活幾乎都毫不相干。教育被看作政府暗中破壞家庭力量的手法，甚至可能是把家庭從土地上趕走的手法。

所以，意大利移民對美國的教育制度疑慮重重。他們需要一段時間才能認清，在美國受教育是成功的關鍵。在認識到這一點之前，父母看不到有什麼理由要鼓勵孩子上學，而其結果是可以預見的：逃學多、輟學早、成績差，而少年的犯罪率高。

到三〇年代，紐約市的意大利青少年的犯罪率幾乎為其他白人青少年的二倍。相反，在猶太人中，犯罪率大約只有人們可能預期的一半。

這樣，未經質疑的常識認為：誠實、受過良好教育、經過宗教灌輸的猶太人不會變成犯罪分子。犯罪不是一個「猶太乖孩子」所會做的事情。在美國，合法的進取途徑是開放性的，猶太人的抱負志向一直被導入為社會所認可的行為。在一份分析報告中，猶太人真誠地相信，「美國社會可以從其猶太次文化中學到：高度評價智力成就是防止犯罪的一個直接途徑。」

事情果真如此？在有些人看來很明顯，雄心大志以智力成就還是以歪門邪道的形式表現出來，不是截然對立的。良好的中層階級的教養並不能保證一個人守法。在那些的確以錢為目標的犯罪中，越來越多的犯罪分子有著良好的出身，受過良好的教育，很少經歷過「地位挫折」，通常毋須為缺錢而受苦。況且，猶太人越來越成為黑社會的一個重要部分。

2・智慧型的罪犯

雖然當代猶太人相信犯罪是別人的問題，但猶太人犯罪已經是廣泛確認的事了。也許，猶太權力機構拒絕對美國猶太人的犯罪記錄作不帶感情的審視，「暴露了他們根本上缺乏安全和自尊」。然而，猶太人犯罪分子在不久之前自己跑出來現身說法，也不管其他猶太人是否願意承認他們的「成就」。

這幫出類拔萃的反派人物，他們的混名很複雜：例如，「腳趾」范斯坦、索利・格羅斯、「拐棍」菲爾・科弗里克、「小機靈」阿巴・雷利斯、「智囊」阿諾德・羅思坦、「瘋子」班杰明・西格爾，還有又稱邁耶・蘭斯基的梅爾・蘇科爾揚斯基。

就大部分情況來看，猶太人犯罪遵循了猶太民族的傳統：它是動口的、智慧型的、部分合法的和非暴力的。猶太人的犯罪活動從一開始就折射出合法的商業活動。

雖然有些猶太人參加了骯髒的、暴力形式的犯罪，特別是在美國歷史上的禁酒時期參加了匪幫間的混戰，但更多的猶太人傾向於白領犯罪和經濟組織犯罪。他們把那些強凶霸道的行當讓與意大利人來幹，而雙方在為自己創名聲時，又狼狽為奸。二〇年代的時候，酒類走私和非法釀酒是黑社會的主要活動，不過毒品和鑽石走私、放高利貸、地下賭場、彩票賭博、股票騙局和證券欺詐，也搞得紅紅火火。

在那一段時間裡，最為聲名狼藉的猶太罪犯也許是阿諾爾德・羅思坦。他曾用不正當手法操縱了一九一九年世界棒球聯賽。此後，羅思坦轉而從事跨越大西洋的威士忌走私。當然，他先買通了長島的警察和該地區海岸警衛隊的指揮官。羅思坦在被人逮住之前就洗手不幹了，而只是為曾當過他的貼身保鏢的萊格斯・戴蒙德提供財政支持和政治保護。

羅思坦最後被人謀殺，但他的兩個精神上的繼承人，達奇・舒爾茨（原名亞瑟。弗萊根海默）和韋克西・戈登（原名歐文・韋克斯勒）接過了他的衣缽。邁耶・蘭斯基和「瘋子」西格爾也正是在這段時間裡頻繁活動，作為殺手和劫機者名聲大振。

一九三四年，這些罪犯在一次世界性會議上碰了頭，這次秘密聚會發展成為「全國犯罪辛迪加」。在正規的、合算的基礎上，把違法犯罪分子組織起來，減少幫派之間的火併，實為羅思坦的遠見卓識。這個辛迪加是由相同族類背景的人組織起來的，由盧西諾布查爾特、蘭斯基和西格爾領導，蘭斯基任董事長。他還建立了一個解決司法爭端的組織部門。

3．非暴力的黑手黨

在蘭斯基的領導下，犯罪活動不再是由那些敵對小集團所進行的小騙局大暴力之類的「家庭手工業」，而成為一個從事賭博、賣淫、吸毒、工業騙局、賄賂和政治腐蝕之類活動的、有輔助機構和分支組織的、精心建立起來的社團。拳頭的力量還是需要的，蘭斯基這個「小執法人」知道什麼時候該用到它。不過，早先存在的那種殺人如麻的現象，很大程度上已成為歷史陳跡。

有些觀察家評論說，蘭斯基當董事長標誌著美國犯罪活動的成熟，蘭斯基是一個分水嶺。同時代的阿爾・卡邦還是膽量時代的產物，而蘭斯基卻是腦力時代的先驅。卡邦沒有銀行帳戶，而蘭斯基身後還留下一疊支票。卡邦因梅毒死於鐵窗之下，而後者是帶著一個據官方報告擁有三億美元淨資產的網絡型組織退休的。

蘭斯基除了在一、二次出於自己的目的而接受採訪外，一直對自己以前的活動保持沉默。艾薩克・巴貝爾筆下的一個人物，班耶・克里克——「國王」——敖德薩的一群匪幫班的頭領，也是一個沒有幾句話的人。「班耶說話極少，但他的話都令人叫絕。他說話極少，人們願意他多說一些。」

所以，人們所知道的有關蘭斯基的情況是通過其他渠道，通常是通過政府情報部門來的，而這種信息來源不是完全無偏見的。同班耶一樣，蘭斯基於一九〇二年七月四日生於俄國。他個子很小，身高才一六四公分。他從為竊賊偷盜和改造汽車開始自己的生涯，以後發展為職業殺手。他聲稱他並不是那個辛迪加的頭目，而且他所參與的只是拉斯維加斯、邁阿密和哈瓦那等地的賭博活動。確實，蘭斯基唯一的一次入獄是在一九五三年，因為賭博而蹲了幾天大牢。

在二十世紀三〇年代，他以組織猶太人在「德國山谷」，曼哈頓的堤岸區域約克維爾叩頭而馳名。在以色列解放戰爭期間，他殺了一個向阿拉伯國家出售軍火的出口商。蘭斯基從他的賭博產業中拿出相當多的資金捐獻給猶太事業，特別是猶太人聯合募捐會。所以，他雖承認認識某些黑社會人物，「你想誰會到賭場來，猶太教法典學院的學生和拉比嗎？」他反問道。但他同那個辛迪加的關係仍然處於朦朧之中。

蘭斯基認為，黑手黨雖為辛迪加的一部分，卻有點古怪，因為他們以血誓結盟、崇尚暴力，懷有一種帶古風的榮譽感，而且組織範圍狹小。不過黑手黨容忍了他，為了他的那個全國犯罪辛迪加所帶來的好處。

兩個德國社會學家，韋伯和桑巴特曾察覺到，猶太人把合理性商業原則應用於犯罪活動，使其更有效率。

蘭斯基的管理強調會計學程序，他虛設公司行號組織以逃稅，還把賭場的紅利抽出來劃入合法組織。蘭斯基給犯罪帶來了系統性和效率，對此，黑手黨並沒有視而不見。但是，「家族」中並不是每一支脈都對此感到滿意的。一個持不同觀點的人，阿納斯塔西亞就提出了異議，當時他想闖入蘭斯基的古巴賭場去分一份利益。

「你們這些狗雜種已經把自己賣給猶太人了。光榮社會的傳統都給忘了。過去的日子也許不好過，但至少我們可以驕傲地昂起自己的頭。過去我們有過尊嚴，而現在我們成了占小便宜的生意人。」

阿納斯塔西亞不是哈佛商學院的畢業生，沒有領會合理管理的要點，這對一個老資格的謀殺公司高級死刑執行人來說，是一個致命的錯誤。他在派克・謝拉頓旅館被殺，這個旅館正是阿諾德・羅思坦在一代人之前洗手不幹的地方。

蘭斯基在第二次世界大戰期間的貢獻，顯然使司法部門對他感恩不盡。黑社會行動使東海岸各港口安安靜靜，使當局可以盡力於對外戰爭而不必分出精力來掃蕩國內流氓。巴貝爾又抓住了這種共生關係的微妙之處：「警察是在哪裡出現而班耶又是在哪裡消失的？」、「警察是在班耶出現的地方消失的，」一個明白事理的人回答說。

按照一個犯罪情況報告人的說法，在一九七〇年之前，蘭斯基一直「奇怪地未受到聯邦一級的起訴」。聯邦機構曾兩次要對他提出起訴，但都遭到司法部的否決。

一九七〇年，蘭斯基的運氣轉了，聯邦政府就蘭斯基從拉斯維加斯轉移利潤一事提出起訴。當這一不可引渡的起訴書遞下來時，蘭斯基正在以色列。美國政府立即宣布他的護照作廢，而以色列則拒絕延長他的簽證。蘭斯基援引這個國家的基本法——回歸法要求加入以色列國籍。然而，以色列最高法院於一九七二年裁定：「在美國參與有組織的犯罪，並同犯罪組織關係密切。」蘭斯基被勒令離開以色列：這對一個以他自己的眼光來看曾為以色列出過這麼多力的人來說，不啻一個沉重的心理打擊。

蘭斯基為犯罪帶來了理性和秩序，使它具有同美國商業模式相似的結構。他效法自由經營，授人以責任，劃分和操縱市場。或許這不是一個真實的形象，不過它是另一種生活方式，這種生活方式可以承認，可以理解，而且還可以引發某種移情。然而，在大部分情況下，在大量金錢與罪惡之間劃一個等號，對第一、二代的美國猶太人很有誘惑力。他們知道有錢離不開罪惡。

在猶太人背景上犯罪是不是一種異常現象，尚有爭論。但在以色列這個以猶太人為主的社會中肯定有犯罪分子。一位以色列犯罪學家估計，多達數百的以色列人靠搶劫、盜竊、賣淫、吸毒、賭博、走私和勒索保護費為生。確實，以色列的總犯罪率差不多每年上升10％。

如果說蘭斯基是從低姿態開始的話，那麼有些猶太人則是從高姿態開始的，以後卻搞得自己迷失了族類的方向。有兩個現代，商人特別反映出美國商業精神氣質中的矛盾性——奮力爭取商業上的成功，同時在被認可的行為準則和道德規範的邊緣活動。

這兩個人都認為自己精明、機靈、有良好的關係和影響力，他們的同伴也同意這種看法。這兩個人都越出了法律的界限，雖然只是那麼一點點，卻都逾越了被認可的行為準則。兩個人都認為自己是猶太人的典範——確實，他們一個是拉比和猶太事務中的積極分子，而另一個則同猶太權力機構發生了糾葛，被它盯住不放。

兩個人都是殷實的供養人、優秀的家庭男子和忠誠的、有點不加鑒別的雇主。他們雖然在商業和金融圈子裡受到廣泛的尊重，但卻是典型的孤獨之狼和公司侵掠者。不管因為妄自尊大還是因為肆無忌憚，伸手太長使他們的生涯在最高點上中止了。一個鋃鐺入獄，另一個自殺身亡。

路易斯・E・沃爾夫森和以利・布萊克代表不了誰，只能代表他們自己，不過他們仍然是處在經濟高壓鍋裡的第一代美國猶太人的典型。沃爾夫森和布萊克都由於在那些屬於平凡之舉或被認可的商業慣例方面的越界行為而招致身敗名裂，這也許不止是一個巧合吧。

4．欺詐大師的傑作

沃爾夫森是一個移居美國的舊貨商的兒子，五〇年代和六〇年代的金融神童。早在念大學的時候，他就是機靈詭詐的了。大蕭條時期，作為喬治亞大學足球隊的明星隊員，他要求並且拿到了每月一〇〇美元的踢球報酬，而其他隊員只能將就著拿五美元一個月。

沃爾夫森借了一萬美元，把一個廢鐵工場辦成了一個贏利很高的企業。到二十八歲時，沃爾夫森的財產第一次突破百萬美元大關。一九四九年他以二一〇萬美元的價格買下首都運輸公司，這是華盛頓特區的一套地面運輸系統。

事隔不久，他就宣布增加紅利。這種做法本身是平凡之極的慣例，只不過這一回紅利超過了公司的贏利。換句話說，他在侵用公司的庫藏。國會對他的這種獨特的自由經營方式大為不滿，決定不給這家公司重發特許權。沃爾夫森把他的股份以差不多高達買價七倍的價格賣出——這不完全是一個正常合理的特徵。

隨後沃爾夫森決定嘗試辦一個真正的大公司——蒙哥馬利·沃德公司。在休厄爾·埃弗里的領導下，蒙哥馬利·沃特公司穩守著三億美元的閑置資產過日子。沃爾夫森想把這家公司盤購下來，但埃弗里執拗不從，沃爾夫森在這場代理人之戰中敗下陣來。

沃爾夫森買下其他公司的股份（他一度是美國汽車公司的最大股東）之後，把主要力量投入興辦梅里特—查普曼和斯科特公司。這家公司被有些金融觀察家認作新雜交品種——聯合大企業的頭一號，而沃爾夫森就是聯合大企業之父。這家公司最後包羅了造船、建築、化工和發放貸款等方面的業務。公司的銷售總額達到五億美元左右，但這些性質各異的要素從來沒有真正成為一個整體，公司留下的是一條飄忽不定的經營軌跡。在梅里特—查普曼公司的鼎盛時期，沃爾夫森是美國薪水最高的經理之一，完稅前的收入為一年五十萬美元以上。

在他的全部盤購和交易活動中，沃爾夫森常常同證券交易委員會發生抵觸。該委員會訴諸法律，並獲得了針對他在出售自己的美國汽車公司股票時所作的虛假聲明的法院強制令，這個聲明曾使人誤解。證券交易委員會還以類似的理由就他在梅里特—查普曼公司股票上的交易訴諸法律。沃爾夫森被裁定犯有偽證罪和圖謀妨礙司法罪。

沃爾夫森的交易始終處在這個或那個管理機構的審視之下。有一次他抱怨說，「像我這樣受到這麼多調查委員會調查的企業家，在美國找不出第二個。」

最後，在經營大陸實業公司——一家由他控制的公司的未記名股票交易時，言語不檢點終於把他推上了同證券交易委員會嚴重對抗的位置。這個管理機構面對日益增多的白領金融犯罪活動，正想樹立一個懲處搞歪門邪道的金融家的先例。沃爾夫森是一個適當的人選：知名度高、受人尊敬、具有人所皆知的金融權力。

在一份非同尋常的起訴書（這樣一種行為被歸入犯罪範疇也許還是第一次）中，證券交易委員會指控說，正當沃爾夫森出售未記名股票的時候，大陸公司發布了有利於他的新聞稿，聲稱公司已批准生產一種叫Propal-pak的煙霧閥。換言之，沃爾夫森在發布股票行情看漲的消息，同時從中牟利。沃爾夫森反駁說，政府在捕風捉影小題大做，他的這種做法只是一種技術犯規。而且他本人是無辜的，因為他只是按照他的班子和顧問們的意見行動。

這一訴訟由合眾國代理人羅伯特‧摩根索提出起訴。沃爾夫森所作的辯護，即：他是公開地和光明磊落地進行這次股票出售的；他是以自己的名義而不是通過國外假帳戶進行出售的以及他甚至把這次出售向證券交易委員會報告過等等，都被駁回。他被裁定有罪，判處監禁一年。

到這個時候，梅里特—查普曼和斯科公司已在清算之中，他的企業帝國的其他部分也土崩瓦解。十年的股東訴訟和同政府打官司耗費了他幾百萬美元、他的健康，最後還有他的自由。一九六九年春的一天，沃爾夫森因為在金融方面幹了像在人行道上吐痰之類的事情而鋃鐺入獄。至此，這個故事或許可以結束了。

然而，這還不是故事的結局，因為沃爾夫森在倒下時，還掀翻了美國最高法院中的一個「猶太人席位」。

沃爾夫森在其事業順遂的年月裡自然結下許多權勢朋友，其中特別是林頓‧詹森和阿巴‧福塔斯兩人。確實，在入獄前不久沃爾夫森還吹噓過，他本來可以從詹森那裡獲得總統特赦，這是詹森總統的人向他提出來的。

有一個人同詹森和沃爾夫森都過從甚密，他就是已故的阿貝・福塔斯。

福塔斯一度是華盛頓最有勢力的法律事務所，阿諾德、福塔斯和波特事務所的合夥人。福塔斯已受詹森之命在最高法院任職。在首席大法官沃倫辭職之後，詹森意欲委任福塔斯接替此職，但這項提命立刻引出了麻煩。福塔斯被認為過於自由主義，而詹森則被指控為「任人唯親」，因為福塔斯在法院外的角色是總統的密友。面對這樣的反對，福塔斯拒絕了總統的提名。

此後不久，他被控於三年前接受過沃爾夫森二萬美元的支票。沃爾夫森的家族基金會在福塔斯已經就任最高法院大法官之後，聘請他為宗教和種族關係方面的研究員和顧問。以後，他們還為探討這類事情會面過幾次。

大約一年以後，在沃爾夫森因出售未記名股票而受到起訴後，福塔斯歸還了這筆錢。這個聘用人員究竟消除了還是緩和了或是乾脆搞僵了沃爾夫森同政府機構的越來越深的糾葛，法院只能加以猜測了。

福塔斯否認他在這件事中有任何不當之處，並寫道，他沒有理由相信上述那筆錢「會使我干預或者成為沃爾夫森的代表。」從來沒有出現過任何證據證明他違背了自己聲稱的東西。當沃爾夫森一案真的送交最高法院審理時，福塔斯放棄了複審權利。

然而，損害已經造成。福塔斯辭去了在最高法院的任職。這是第一個在受到個人行為不當的指責的壓力下去職的大法官。就這樣，第五個在最高法院任過職的猶太人辭職了，那個席位沒有了，他是自己缺乏道德遠見的犧牲品。

也許，突出商業的金融一面，讓它起支配作用的正是美國資本主義的本質、它的組織結構和它的傾向性，也正是在這一方面可以獲得最高的報酬。公司越大，它的董事長或總經理越可能從從事會計——法律——金融業務的人員中升上來，或者從外面進入公司，代表著擁有控制權或支配權的股東。

金融界在看到新的老闆來自於同自己相同的等級時，最有安全感。這可能是正確的，但也可能是錯誤的。只是等到公司開始出岔子，經營一團糟了，這時候，那些無足輕重的經理們才會被集合起來，挑上擔子。

有這樣一個神話在流傳：任何人只要聰敏機靈到能買下一個公司，特別是一個有幾百萬資產的公司，就一定有必要的資力把它經營得有利可圖。這是一個需要付出高昂代價的幻想，確是現代美國人所抱有的夢幻之物。

5．猶太法典學院的高材生

以利．布萊克同沃爾夫森一樣，精於估算。他的對手為他的才能另找了一個詞——公司掠奪者或海盜。布萊克屬於六〇年代和七〇年代中比較使人感興趣的那種商人——一個既有廣度又有深度的人。最後必須指出，他還是一個喪身於那一時代不無問題的道德規範的人。

富有諷刺意味的是，這竟然是一個事實。以利．布萊克的背景實實在在屬於一種正統的傳統。作為一個受過任命的拉比和一個猶太教法典學院的畢業生，布萊克是有家學淵源的。

他年幼時，父母從波蘭的盧布林遷來美國。在長島的一個猶太人教會中擔任了三年的正統拉比的職務之後，他把自己原先的名字布萊克維茨改為布萊克。他曾同一個朋友談到「布道沒有什麼結果」，並因此放棄了以拉比為業而去哥倫比亞商學院學習。他在萊曼兄弟公司幹過一段時間，管理羅森沃爾德家族，西爾斯．羅貝克的繼承人的財產，然後他買下一個陷入困境的瓶蓋製造公司，美國西爾—卡普公司。

萊克後來說，這是「一個規模極小而問題極大的公司」。在對該公司進行大改造，並易其名為ＡＭＫ公司之後，布萊克踏上了併購的道路。不久，他的這家資產為四千萬美元的瓶蓋公司追求起另一個問題重重的公司，約翰·莫雷爾公司。這是一家肉食品罐頭企業，規模為ＡＭＫ的二十倍。這可算是蛇吞象的經典例子。

布萊克把莫雷爾公司連同它的種種問題一古腦兒塞入了自己的皮包，隨即又去追求一個歷史悠久、以波士頓為基地的香蕉種植和運輸公司，聯合果品公司。這家公司擁有自己的「大白色艦隊」，並且在中美洲有幾十萬公頃的種植園，年銷售額達到五十萬美元，這夠令人眼紅的。

聯合果品公司浮沉起落的次數比一般公司多，卡斯特羅就曾把它在古巴的相當大的產業據為己有，但公司的經營情況比它的股票在紐約證券交易所的行情要好。這種股票被看作是一種疲軟的保本股票——完全不是那種漲勢逼人、為人追逐的證券，像是電子或其他高科技行業的債券。不過，這家公司在賣出時有兩個不為人注意的長處：它沒有債務，卻有一億美元的現金和流動資金。

布萊克從一家經紀行那裡得到消息，該行早在兩年前就曾以較高的價格向委托人推存過聯合果品公司的股票，而現在則在尋找對象把它盤出去。布萊克迅速採取行動。這些經紀人手頭有將近10％的聯合果品公司的客戶證券，因而在任何代理人之戰中就有了領先一步的優勢。布萊克從以摩根保證信托公司為首的銀行集團借了三千五百萬美元，以每股五六美元，也就是比市場價高四美元的價格買進了七三·三二萬股股票。這筆交易是紐約證券交易所歷史上名列第三的大宗交易。

布萊克希望不動干戈就把聯合果品公司吃下來，同時也做好兵戎相見的準備。其他眼尖的捕獵者也已注意這個契基塔香蕉公司，看到它的財務報表上有油水可撈。聯合果品公司的主要經營者都是業務人員，在經營這家老公司上頗為成功，但在如何利用閑置資金方面看來一無所知。直到兼併公司的策略已經一清二楚時，他們才採取一種防禦性策略，謀求友好的合併。

大家對聯合果品公司所表現出來的濃厚興趣令人有飄飄然之感——幾個月之內的三次投標出價就使每股股票的價格由五六美元漲到了八八美元。一九六八年正是六〇年代行情哄抬中兼並狂潮達到高峰的時候，布萊克以八〇美元到一〇〇美元的價格將可更換股票的債券和認股證書一攬子收進的交易，異常誘人。硝煙散盡，ＡＭＫ成了戰勝者，它通過戈德曼·薩克斯公司的格斯·萊維收進了三十六萬多股股票。

對自己的更名改姓癖好從不加限制的布萊克，把這樣一個大聯合企業稱為聯合商標公司。這個食品加工綜合體雖然令人生畏，但是，協作精神已經隨著一九六九年的市場崩潰和尼克森時期的第二次經濟衰退而煙消雲散。從七〇年代起，虧損毫不容情地往上升——先是二〇〇萬美元，以後是二四〇〇萬美元。紅利一落千丈，在一九七二年和一九七三年曾出現過一次復蘇，收支達到平衡。一九七四年公司總收入為二十億美元，而那年的全部虧損（扣除各種非常項目之後）達到四三六〇萬美元。公司還同人自然發生了衝突：颶風毀壞了中美洲的許多水果作物；乾旱和欠收導致全球範圍的糧食緊缺，隨之而來的是牛飼料的價格猛漲。聯合商標公司在兩個主要市場上都遭受嚴重的失利。

在布萊克的領導下，聯合商標公司的虧損是贏利的兩倍。一個注視著這一幕的密切參與者寫道，原因不在於布萊克對香蕉的種植和銷售、三十七艘冷藏船的營運或者香蕉共和國的政治的微妙之處一竅不通，而在於他自以為他懂。

如果說這家公司在布萊克的領導下並沒有真正興旺過，它的形象卻得到了改善。以前，聯合果品公司支配著中美洲的經濟承政治；在經營活動中，它獨斷專行，完全不顧及公司裡的農民和工人。當一國政府不再對它有用的時候，它就拿政府作交易。

聯合果品公司經營國家，就同某些煤礦經營城鎮一樣。它的綽號「八爪章魚」。在布萊克之前，公司也進行過改革，但離抹去那個剝削者美國佬的形象，相去甚遠，布萊克提高了工資，提供公司宿舍，建造住宅以低於成本的價格出售給雇員，並先於其他大農業企業承認農業工人的工會。布萊克滿腦子社會問題和人道問題，他的業餘精力全花在慈善事業和文化出版物上。在他同農業工人聯合會簽訂協議時，還邀請協會領導人西澤·查維茨參加猶太新年祈禱——共同祈禱的團體禍福與共。

《波士頓環球報》寫道，聯合商標公司是「這半球中最有社會意識的美國公司」。

不過，光有一個改善了的形象是不夠的。各自獨立的部門之間的內部問題、自相衝突和為爭權奪利而爾虞我詐、政變和幾乎以拳擊結束的董事會議，接踵而來，纏住溫和的、非暴力的布萊克不放。除了一九七三年到一九七四年間上帝的那些無異予降禍於這家公司的舉動之外，最後的壓力也許就是中南美洲七個國家做出的效法歐佩克的決定。

6．離不開自我要求的罪犯

如果說石油卡特爾是成功的，為什麼香蕉卡特爾就不能成功呢？

〔編按：卡特爾（Cartel）獨立公司或個人為了對某種或某類商品的產銷施加某種形式的限制或壟斷影響而組織的聯盟。最常見的安排是為了控制價格或產量，或者是為了劃分市場範圍。〕

香蕉輸出國聯合會要爭取更高的價格來沖抵自己在能源上的開支，辦法是對每箱四十磅的香蕉課以五十美分或一美元的出口稅。實際徵收這項稅的國家只有三個，宏都拉斯是其中之一。宏都拉斯對每箱香蕉徵稅五十美分，這對聯合商標公司來說是一筆大開銷，因為其香蕉的35%在這個國家生產。然而，同石油的形勢不同，當時市場上香蕉過剩，價格被壓低。更重要的是，厄瓜多爾這個香蕉生產的沙烏地阿拉伯沒有參加增稅行動。

宏都拉斯的官方渠道放出風聲，說出於某種「考慮」，可以將這項稅額適當減低；如果付出五百萬美元的話，宏都拉斯總統就會對每箱香蕉只徵二十五美分。這樣可以省下七百五十萬美元。公司經過談判同意支付二百五十萬美元的賄賂，以利・布萊克顯然是知悉此事的。通過該公司在歐洲的高級職員，一百二十五萬美元存入了一家瑞士銀行的帳戶，同時公司還答應將餘款陸續存入。這種事情對聯合商標公司來說並不新鮮，以後的調查還揭露出幾筆問題重重的向意大利官員的付款，金額達二十萬美元。

不過，布萊克寧可做社會捐獻也不願搞這種不折不扣的賄賂，即希望對人民有所價值而不是去填塞那些行為不端的官員們的腰包。所以，在菲菲颶風造成巨大災害之後，他給宏都拉斯人送去各種各樣的援救物資。他在瓜地馬拉造了一所醫療中心，在哥斯達尼加發起了一次預防小兒痲痹症的運動。不管出於什麼樣的理由，布萊克相信，在經營一家密切捲入外國事務的公司時，要做的不僅是請總統共進午餐。

毫無疑問，布萊克因默許賄賂而受到的壓力非常之大。這筆賄賂的第二部分再沒有送去，因為颶風已經使徵稅變得毫無意義：它毀壞了宏都拉斯70％的香蕉林，造成公司高達一九五〇萬美元的損失。

到一九七四年末，事情明朗了，聯合商標公司經歷了災難性的一年，虧損達四千多萬美元，如果把借款全部計入的話，差不多還要增加一倍。風暴的摧殘、高利息、外國的高出口稅和牛飼料成本飛漲，這一切迫使布萊克繼前一年賣掉巴斯金—羅賓斯和里維爾食糖公司之後，又賣掉了比較賺錢的子公司之一的福斯特·格蘭特公司。

在這期間，管理人員間的背後攻忤越演越烈，債權銀行找岔子更咄咄逼人，而聯合商標公司的股票則跌到了四美元一股。公眾調查把這家總收入在二十億美元以上的公司估為只值四千多萬美元。這等於說它已經停業不幹，而不是正在經歷某些嚴峻的關頭。

布萊克自己的反應同公眾調查也沒有什麼區別——不管他至誠的獻身精神和嘔心瀝血地長時間工作，他看來已沒有能力扭轉局勢。其實，福斯特·格蘭特公司的出售給了聯合商標公司一個喘息的機會，而這一年的災難中有不少是暫時現象，然而，就他多種多樣的興趣——從組織《評論》的出版發行委員會到發明猶太教禮儀的新形式來看，布萊克是一個嚴肅認真的人，他相信責任全在他一人身上。

事實上，他一身兼著公司的三個最高頭銜：董事長、總裁和總經理。因此，公司命運的盛衰全繫於他一人身上，是對他的能力的判定。所以，就在最黑暗的時光可能即將過去，商業的週期性已經開始顯露出時來運轉的跡象之際，布萊克原先抱有的對公司的理想和他現在自認的那個無處不在、大權獨攬的商人的降格形象之間的距離，危險地拉得越來越開了。

一九七五年二月三日，司機把他送到聯合商標公司在曼哈頓的辦公室，這是位於泛美大廈高層的一套房間。幾分鐘之後，布萊克打破四十四層樓的一塊厚玻璃窗，墜樓身亡。自殺雖為猶太教所禁止，但卻是伸手太遠而所獲不足者的唯一出路。自然，誰也不會知道布萊克究竟為何自殺——他沒有留下任何解釋。捲入宏都拉斯賄賂案很可能是最後把他壓垮的那種小小的打擊。因為按照美國法律，他沒有做什麼重大違法的事情，但他確把給外國人的賄賂提高到了一個新的水平。

從事國際貿易的美國公司不管是道道地地的賄賂、回扣，還是逃稅陰謀，許多美國公司都參與了違法活動。但是，在水門事件發生後的一個時期中，證券交易委員會曾就國外行賄問題制訂過一個條例。聯合商標公司屬於第一批受到嚴懲的大企業，原因不在於它除了樹立了一個不良的範例之外還做了多大的錯事，而在於它拒絕犯海外付款的性質在公布於眾的損益計算書中交代清楚。

自那以後，公眾就可以欣賞到一長串沒完沒了的涉及行賄的頭等美國人的名字。對於一個像布萊克那樣敏感而有道德心的人來說，臭名遠揚一定是一種不堪忍受的聲譽。也許在自殺中，布萊克找到了，用他外甥的話來說，「傷害每個人的那一種方式」。

《哈佛商業評論》上出現了關於布萊克自殺的另一種解釋。哈里・萊文森，哈佛大學的一位心理學家，在文章中把經理的自殺看作是一種「動力型個體的出路」。他在《經理自殺》中競爭。用心理學術語來說，他們有著以權力為中心的極高的自我理想。他們受到根深柢固的、無意識的爭取成就的壓力。他們意識中的目標僅僅是冰山之尖。抱負如此之高的人常常為這樣一種情感所困擾：要實現目標尚需一個漫長的過程。無論他們取得了多大的成就，在他們自己的眼裡，永遠是不夠的。其結果就是他們始終認為自己還不夠格……不管有了怎麼樣的成就，這類人總認為自己有欠缺，按照他們的邏輯，也就應該受到自我懲罰。

使布萊克成其為一個比較令人同情、比較使人感興趣的商人的那些品質——他的良心、他的認真，還有他所關心的東西，同時也是導致他毀滅的原因。他從未學會取笑自己或者取笑這個世界。他的老師，猶太教法典學院的院長，塞繆爾・貝爾金在葬禮上說，在學校裡的時候，布萊克就是「一個老是微笑，但從不放懷大笑的孩子。」

7・大大方方偷政府的錢

猶太人在注視著各種依法進行的有關伯納德・伯格曼這個養老院裡的掠奪者的聽證會時，他們的普遍情感是：「他把猶太人推回了一千年」。在國會聽證會上，證人們在無情，電視攝像機前向全國觀眾揭露老年公民在養老院和老人之家中所經歷的可怕、淒涼和悲慘的遭遇。人們彷彿發現有個猶太人在主管一個集中營。

整個訴訟是一個頭號的恥辱，因為這一醜聞所暴露出來的，除了一個拉比和其他地位顯赫的猶太人對一部分被囚禁的、無力保護自己的人所做出的種種醜惡的、不道德的和非法的行徑，還有這樣世界一個孩子忘記父母、社會漠視老人而因家無視一個合法行業中的大量不正當行為的世界。

養老院收容老年（院內老人平均年齡為82歲）對不感情用事的業主和經營者來說，

是一個賺錢的買賣。那些鮮廉寡恥之輩把對老人的照料壓到最低水平而獲得最高利潤。對養老院狀況所進行的公開調查，揭露出種種忽視、漠不關心和虐待老人的現象。

醫院接到的從養老院轉來的病人——脫水、潰瘍、嚴重感染和中風的病人，幾乎都沒有得到過醫療護理。有個醫院的住院主任醫生觀察到，「其中有些病人嚴重脫水，已達到不能分泌唾液、出汗或者流淚的程度。在他們的嘴裡時常可以找到乾燥的食物和沒有咽下去的藥片。」養老院裡的居民們成了醫療綜合症的犧牲品。老人們常常得不到餵食和擦洗——從未更換過的衣服和汙穢的襯衣同皮膚粘在了一起。從一家私人養老院來的一些餓極了的病人，已經習慣於敲鄰居的門來討飯吃。

伯格曼不僅是養老院這一行業的罪惡之人格化象徵，他簡直就是這一行業本身。在由以安德魯・斯坦為首的紐約州生活費用問題臨時委員會（該委員會是由猶太州的參議員，弗蘭克・莫斯為主席的參議院老人問題特別委員會的分支）與以莫里斯・艾布拉姆為首的關於養老院和寄宿設施的「莫蘭法案」特別委員會所舉行的聽證會及州和聯邦政府特別起訴人所作的調查中，事情變得十分清楚。

伯格曼幾乎擁有足以控制這一行業的權力。他擁有全國各地近百家養老院的股權。同時真相大白的還有：猶太人在這一行業中的支配地位可能超過了在其他任何行業或服務業之中所擁有的地位，許多重要的經營者都是猶太人，包括伯格曼、霍蘭德和施瓦茨伯格。倘若養老院是一個充滿自豪、同情、照顧和關懷，簡單地說，充滿惻隱之心（即屬於猶太傳統之核心的那種受到高度褒獎的敏感性和人性）的行業的話，那麼這種支配地位對於猶太人共體來說，自然會是一種慰藉。

而現在恰恰相反，這些私人設施大多是以麻木不仁、貪婪和人性退化為標誌的。而且這種極端非人行為的首惡，竟然是一位正統的拉比，一位顯赫的猶太復國主義者！這一價值觀念的大顛倒，造成猶太人心理上一片混亂。

如果要替正統而又偽善——那種道貌岸然和對現代情況故作冷漠的混合物尋找一個公式化的形象的話，沒有比伯格曼更完美無缺的了。

他出生於匈牙利，一九二九年移居美國。一九三四年在猶太教法典學院被正式任命為拉比。在對耶路撒冷進行短暫訪問之後，他又回到紐約市。差不多就在此時，他的繼父在巴黎被捕，並被停止「布魯克林大拉比」的職務，原因是他企圖利用宗教書籍夾帶十七磅海洛英走私。他的母親作為從犯被判有罪。

伯格曼最初同養老院發生關係時，還是下東區一個機構的拉比。戰後他不再積極從事猶太教傳教活動，轉而進行養老院和地產方面的商業活動。他的第一個合夥人以後因為在一次墓地詐騙案中，騙取猶太人二百三十萬美元而受到起訴。伯格曼所吸引的都是些道德上不清不白的人。

伯格曼一邊忙於做生意，一邊還始終積極參加猶太人復國主義活動和猶太人慈善活動。自從在美國眾議院前作祈禱之日起，他即著手培植政治家，就像有些人培植玫瑰花那樣。他懂得錢與權之間的關係。

「我同他們在宴會上和事務中頻頻相遇，他們在競選中自然會找我幫忙。我利用朋友間的關係確實幫了他們的忙。我也有找他們幫忙的時候。一個人要找人幫忙的話，就上競選辦公室去好了，這十分自然的。」伯格曼在法庭作證的時候這樣說。

隨著財產的增加，伯格曼心安理得地利用各種關係來使自己的各種申請項目迅速獲得許可，使於己不利的報告失去效力，並且提高養老院的收費。從當年工作的那家養老院的創始人所留給他的三萬美元開始，到一九六四年，伯格曼的淨資產已增加到一千萬美元以上。

這時，他的養老院因為賺了大錢而引起市當局的注意。養老院的有些做法具有詐騙性質。調查委員會的成員路易斯・卡普蘭發現，私人養老院在照顧享受福利救濟的病人後開給市政當局的帳單，費用定得過高——給予最少的照顧卻要收取最高的費用。卡普蘭還發現養老院的各項記錄搞得如此糟糕，以致他的財務人員不得不外推出一個數學公式才能結算清楚這些錯誤百出的帳單。他的結論是，市政當局在五〇年代後期的兩年時間裡多支付了三百七十萬美元，其中大部分純屬詐騙。伯格曼的一家養老院多收了二一・三萬美元，而他們這個行業協會的總裁霍蘭德則多收了二三・七萬美元。

正當這一案子移交給地方檢查官，以便進行法律訴訟時，這個社團代理人為「不正當致富」補繳了六十五萬美元。這是一個法庭之外的解決方法，按照這個方法市政當局對多付的每一美元徵收了十七美分。如果說之所以沒有把三百七十萬美元如數繳回是因為證據不足法庭難以判決的話，那麼被告的犯罪行為之被遺忘，就有些神秘莫測了。

在卡普蘭報告之後，一百一十九所養老院關閉了四十所。然而，養老的經營者們卻提出申請，要求提高收費30%，並且得到了批准。

到這個時候，柏格曼已擁有十八所養老院的股權，並在其他八十五家為福利救濟事業服務的院所中都成為一種推動力量，區別只在於程度不同。確實，卡普蘭曾談到過一個「卡特爾」，一個以某個「從未領取過任何一所養老院的營業執照」的發起人為首的卡特爾。甚至伯格曼自己日後也承認，他對護理照顧幾乎一無所知。

作為卡普蘭報告的一個結果，伯格曼被新澤西州宣布為「不受歡迎的人」。伯格曼通過名義上為其家族成員所有的前沿組織，未受阻礙地遷入了這個州。

8．養老院是金雞母

在六〇年代，養老院的利潤非常可觀，它像一隻金雞母會不斷下蛋，它的股票在市場上十分搶手。場地的封閉保證了養老院的業主能充分發揮自己的能力。況且在六〇年代中期，隨著醫療補助計劃和醫療照顧計劃的實施，政府至少負擔了80%的醫療費用。

伯格曼跑到華爾街發行了一種「醫療——養老院企業公司」的股票，這家公司由東海岸的三十八家養老院組成。這種股票投放市場時為十美元一股，最後漲到四十美元一股。直到證券交易委員會提出對該公司的指控之後，價格才下降。指控的內容是該公司違反了聯邦證券法規的反欺詐、彙報、委托事項和投標出價諸條款。公司的一些高級職員肆無忌憚地進行大量的內部交易、轉移和抽吸資金等金融犯罪中的常用花招。

伯格曼在養老院行業中之所以能夠「成功」，有這許多因素：他在適當的時候找到了一個適當的領域；政府管理機構的縱容，它們與其說關心老年人不如說更關心監管老年人用的場地。不過一切的一切可能還在於他的肆無忌憚和十足的鮮廉寡恥。

關於伯格曼經營術、他的不折不撓、他的政治關係和他對自稱是其犧牲品的「猶太身分」的毫無愧色的利用，有一個例子也許可以作為典型。斯塔滕島上的多瑙河養老院甚至還沒有投入施工就遇上了麻煩。這家養老院由伯格曼自己的建築公司承擔建造。當時養老院的業主已同伯格曼的另一家公司做好出賣產權同時長期租用該產業的安排。

業主在一九六五年曾向紐約市醫院局申請建造該養老院，並得到初步同意。然而實際的建築工程並沒有按照原先的規劃進行。事情還需要進一步得到紐約州公共衛生委員會和紐約州衛生部的批准。一九七一年，在未得到必要批准的情況下，工程投入了施工。紐約市衛生局通知了州衛生部，州衛生部請司法部長路易斯・萊夫科維茨簽發了禁令。一九七二年，根據一項新的法規，業主又提出申請，司法部長遂停止追究這件事情。這時，這幢建築的土地所有人伯格曼尋找救兵，搬來了塞繆爾・豪斯曼，這位洛克菲勒州長的朋友和籌款人，以使這項申請能夠得到迅速批准。豪斯曼以前曾為伯格曼的另一家養老院出過一臂之力，是一位老朋友了。這樣就開始了從州行政長官到議員的一系列活動，對有關機構施加壓力要它們幹那些它們認為最好不要幹的事情。

豪斯曼是一個成功的商人，在洛克菲勒看來，還是他的非正式的「注視猶太人共同體的耳目」和同民主黨的猶太人選票有重大關係的要緊人物。豪斯曼對這種拉關係和打通關節的角色「入了迷」，樂於向伯格曼表示敬意，把他當作正統猶太教中的一支領導力量。為了鞏固兩人的關係，伯格曼把一些生意給了豪斯曼的一個親戚。

豪斯曼最主要的政界朋友是諾曼・赫德，他是洛克菲勒州長的秘書，在洛克菲勒退職後又成了威爾遜州長的秘書。伯格曼還利用其他的政治家或同他關係良好的代理人：在竭力爭取多瑙河養老院的批准書的時期，他拜訪過洛克菲勒州長和威爾遜州長，紐約市長比姆，紐約州眾議院議長史坦利・斯坦古特以及他的律師丹尼爾・奇爾，州眾議院多數黨領袖阿爾伯特・布魯門撒爾，州參議員約翰・馬奇，以及當過紐約市代市長和人權委員會主席的史丹利・洛厄爾，還有紐約州衛生部第一副部長小安德魯・弗利克博士等人。

9．利用反猶太主義的優勢

如果需要的話，豪斯曼會向赫德訴苦，說他的一位重要的私人朋友伯格曼，成了衛生部種族的歧視的犧牲品，以此來引起赫德的同情。不管事情的真相如何（以後的調查發現，這種藉口純屬捏造），虛偽的伯格曼一直利用那個致命的、爆炸性的關於反猶太主義的指控，把它作為商業策略的輔助手段。

豪斯曼，用政治上的黑話來講，「斷定同弗利克部長打招呼是事情的關鍵之關鍵」。然而，對伯格曼的法人申請的第一次評估就發現，原先的資金情況完全沒有交代清楚，申請人的表現有意欺騙衛生和公共衛生委員會。除了其他問題之外，在出賣產權然後長期租用產業的安排中，包括一筆付給伯格曼的將近二十五萬美元的特別款項，這一個事實就可以「把養老院將來收入來源的精確性搞得一團糟」。

此外，「它還涉及一些金融交易，它們可能影響不動產的價值，這反過來又會影響醫療補助計劃規定的補償權、而且斯塔滕島上「公眾所需的養老院床位」已經過多。最後，這項評估指出，伯格曼未能滿足公共衛生委員會希望了解他的品格、能力和在社區中地位的要求。

伯格曼在為多瑙河養老院進行院外活動的過程中，使出了他慣用的伎倆，就是聘請洛克菲勒的秘書，新近去世的羅伯特・道格拉斯為負責這方面事務的律師。但是，道格拉斯在發覺伯格曼提供虛假情況之後，便撒手不管了。隨後，伯格曼又聘用參議員約翰・馬奇為律師。同其他許多州一樣，在紐約州聘用一個立法機關的成員來同州機關就某個問題進行交涉，是合法的。

大多數州議員還不明白這裡面既有現實的也有潛在的利益衝突。儘管多年來一次又一次提出制止濫用這種關係的議案，但都沒有獲得通過。參議員馬奇自然是更合適的人選，因為斯塔滕島就是他的家鄉。即便如此，伯格曼的申請報告中的種種前後不一之處，仍未被放過。

在開辦多瑙河養老院的計劃受挫之後，伯格曼決定把它改成一所弱智兒童學校。這類兒童又是一個相對馴順的、易受控制的群體。多瑙河養老院搖身一變成了『勝利寄宿學校』，它將接受從鄰近的一所精神病醫院，威洛布魯克醫院出來的兒童。這次伯格曼建立了一個不同的台前組織。他說服了蘇倫・魯賓拉比和他的大衛家族的猶太人大會，讓他們做這所學校的發起人，所需的資金由伯格曼的一個合夥人籌措。

伯格曼招募了州參議員約翰・卡蘭德羅，甚至讓美國國會議員，出身於斯塔滕島的約翰・墨菲向紐約市有關機構詢問該學校的申請情況。紐約市機構發現這個計劃中的項目和資金情況不完整。它不過是多瑙河故事的重演罷了：從伯格曼的女婿，阿姆拉姆・卡斯（他同時作為伯格曼的一些公司的代理人和委托人）到豪斯曼和赫德，來了更多的說情者。但是一切政治壓力又一次失敗了，紐約州的社會福利委員會否定了這一計劃。

然而，一個人如果不能不折不撓就不會致富，伯格曼要是不能做到不折不撓也就算不上一個人物。勝利寄宿學校搖身一變又成了里奇曼資格中心，這是一個為從威洛布魯克醫院出來的弱智成人提供住宿的設施。這次，伯格曼的一個合夥人羅伯特・利普金同斯坦古特的律師丹尼爾・奇爾的法律合夥人建立了合夥關係。這被理解為奇爾的律師事務所如果「通過洛克非勒州長的好心腸的辦公室」打通了辦事的關節，就可以分享以後的贏利。毫無疑問，威洛布魯克醫院需要這樣一個設施，因為醫院歷來就嚴重存在病人過多而醫護人員太少的問題。

這次，紐約市精神衛生局和斯塔滕島弱智問題區域委員會，發現半打理由可以證明這個計劃中的中心是不完善的：付給土地所有人伯格曼的租金在計劃中占了過高的比例，從而危及項目本身；場地占用面積過大，同現代治療理論提倡的小型化、家庭式的居住要求相去甚遠，斯塔滕島已經因為這類設施而承受著不堪負擔的稅收；還有，發起人沒有在該社區內工作。豪斯曼、伯格曼和卡斯與州長威爾遜會晤時，請他出面代為說情。但精神衛生局還是發出了最終否定書。

最後一次，伯格曼企圖讓這幢空無一物的建築以一個中間護理設施——斯塔滕島視力護理中心的名義通過審查。這個由聯邦指定的設施雖然同州的法律體系尚有不合之處，但從接受醫療補助。計劃資金這一點來說，卻是合格的，它不需要精神衛生局的批准，只需該局在檢查之後認可它接受政府的錢就可以了。這一途徑解決了許多問題：它繞開了某些對伯格曼的活動持批評態度的管理機構，同時又能把養老院的場地帶進這個州而將費用轉嫁給聯邦政府。當然，這個解決方案需要償付某些「政治債務」。

這樣，在精神衛生局、威洛布魯克醫院和伯格曼之間達成了一項秘密協議。斯塔滕島的公眾知悉這一安排之後，社區內迅速形成了反對意見。但伯格曼已做好準備，要恃強使這個計劃得以通過。他甚至利用豪斯曼的兄弟，大腦麻痺聯合會的總裁利奧來對布蘭妮施加壓力。布蘭妮當時是一個反對「視力護理中心」的準官方實體，斯塔滕島弱智問題，委員會的主席。利奧為了讓她改變立場找了她好幾次。布蘭妮本身是一個大腦麻痺兒童的母親，她感覺到了一種「暗示」，擔心自己以後可能得不到大腦麻痺聯合會的補助。儘管「對弱智問題委員會施加了巨大的政治和個人壓力，要它同意建立中心的計劃」，伯格曼的斯塔滕島視力護理中心還是被否定了。

作為最後的嘗試，斯坦古特為伯格曼安排了一次同紐約市市長比姆的會晤，並聲稱社區的反對已不那麼強烈了。比姆發覺事實並非如此，而且如果這一計劃得到通過，對威洛布魯克醫院的病人的資助將從州的預算表轉入市的預算表，這對瀕臨破產的紐約市來說，是不堪負擔的。

到一九七一年的深秋，許多調查組織都盯上了伯格曼。這樣斯塔滕島的多瑙河養老院是永遠不會開張了。這無疑是件大好事，它免除了難以計數的老人和病人的難以言說的苦難。

10．夜路走多，還是會碰到鬼

伯格曼一心牟取暴利導致了他的毀滅。他利用政府最新實施的救濟老人和窮人的計劃，從醫療補助計劃中謀取私利。伯格曼活動的狠毒之處不在於偷盜政府的資金，在這方面他同名列郵局布告欄上的通緝令中的罪犯，沒什麼兩樣，而在於他以沒有自我保護能力的人為獵取對象。當然，認為伯格曼同其他不擇手段賺錢的大騙子沒有絲毫區別也是可以的。只不過他做的是大宗生意。然而他也許應該同他們有所區別——作為一個教士，他應該持有並且獻身於更高的道德標準。

伯格曼詐騙的關鍵是在籌措養老院資金時進行操縱，目的在於提高由醫療補助計劃償付的收費。每個州都選擇一種方法來償付保健醫療機構在提供醫療補助計劃規定的服務之後開列的費用。這些方法基本上可以分為兩類：以成本為基礎的方法和統一收費方法。一些州規定了對具體服務的收費標準。包括紐約州在內的大多數州採用以成本為基礎的方法，即依據前一年的開支來決定今年的付款，再加上因通貨膨脹帶來的增長額。在伯格曼帝國的鼎盛時期，紐約推行的是一種成本加價體系。除了償付這類設施的全部開支之外，還付給它們固定比例的利潤。

參議員莫斯說：「這樣一種體系足以使訂約的一方垂涎三尺。」——因為你花得越多，就會賺得越大。

這兩種體系都被人濫用了。在以成本為基礎的體系中可以通過回扣、偽造帳單、採購時捨近求遠、不動產虛賣以及虛報工程這些花招來抬高費用。事實上，州的生活費用問題臨時委員會歸納出十六種方法，自從醫療補助計劃實施以來，那些不正派的業主們就以這些方法從州裡詐取了四億美元。

衛生部第一副部長弗利克博士，對伯格曼的活動作了概括：

> 一個改頭換面反覆安排的漫長歷史……它遵循著一種不變的模式；一幫人在其中全力以赴地以養老院為目標，採取不斷變換的方式，扮演著不動產的買方和賣方、出租方和承租方。在這些安排中唯一標準化和不變的關係，是不斷提高不動產

名義上的價值……伯格曼博士希望通過對現行法律和條例下的各種機會的選擇，在最終出賣該不動產時獲得最大的利潤。顯然，養老院經營的質量和將為公眾提供的服務，但在伯格曼進行選擇時，並不是重要的考慮因素……公共衛生委員會關心的，是作為這種決策之結果的成本提高；從其對病人的福利的影響這一點出發，他們把這種決策稱為「養老院不動產價值的非法交易。」

伯格曼只是使兜售政治影響的那套方式精緻化而已。在養老院醜聞中沒有揭露出什麼大的貪汙或受賄；沒有一個高級官員被收買；不存在最顯眼的施加政治壓力的方式。但在另一個層次上，養老院醜聞暴露了下面這種假設暗裡是有害的：議員和官員能夠為兩類主人——選民公眾和私人客戶服務而不會造成內在的利益衝突。在同管理機構進行交涉之前，你應該先聽一下一個同該機構有良好關係的政治家——律師的意見，他最好是剛離開這家管理機構的人。紐約州對議員從事這類雙面活動所持的許可態度，助長了這類濫用關係的活動。

而且，洛克菲勒的州政府在擴充和推行對養老院的管理條例方面，極其馬虎。批評的報告成了「求愛信」。視查員被要求採用「建設性的」語調，而經營者則可以逃避和進行操縱。洛克菲勒何以堅定不移地拒絕增加審計員，而毫不考慮新增加的審計員審計出來的錢可以比他們的薪水多出好多倍，無法解釋。其結果是，在伯格曼及其朋友們行竊時，他們不大可能被審計員發現，而一旦被審計出來，他們又沒有受到刑罰處治。

莫蘭委員會的結論是，私人養老院「幾乎享有完全不受有效管制的自由；州衛生部的大量公文對養老院基本上不實行適當的護理標準都加以遮蓋掩飾，而不正當收入一直未得到糾正，因為該部向洛克菲勒州長，以後又向威爾遜州長直接而且一再地提出過需要加強審計的警告，但一直被置若罔聞。」

也許這一醜聞的關鍵部分，不是伯格曼的貪得無厭，而是洛克菲勒的冥頑不靈。在他任州長期間，年復一年地，「州裡的10～20％的養老院在經營上都有重大缺陷。」一九七三年，紐約市三分之二的養老院有經營上的缺陷。當養老院由於這些缺陷對老人們來說已經成了一個活地獄時，洛克菲勒還很不得體地責問莫蘭委員會——當他出現在該委員會面前的時候——究竟什麼叫「護理低劣」，好像政府文件中指出的食物不足、缺乏暖氣、過量使用鎮靜劑、身體限制、成幫結夥的醫生來訪、管理人員偷盜私人零用錢以及其他虐待病人的現象，還不構成「護理低劣」似的。

為了把三萬美元變成二千四百萬美元（據他的會計提供，這是他在垮台之前的淨資產），伯格曼使用了種種老的新的不同技巧。

猶太人從自己的親身經歷中，學會了在一個充滿敵意的環境中運用腐蝕和散播影響的方法，在這種環境裡，權力機構不是公然表現出反猶太主義就是微妙地歧視猶太人。從這個意義上說，伯格曼培植和利用種種關係是一種返祖現象。高喊有反猶太主義是這個硬幣的反面，儘管沒有任何證據可以證明有關管理機構有任何形式的反猶太主義表現。伯格曼偽善地利用了自己的「正統性」，而洛克菲勒的州當局則因為從未對由似乎聲名卓著的人士提出的這種指控進行調查，從而損害了猶太人。

如果伯格曼和豪斯曼可以信賴的話，為什麼州長辦公室或者檢察總長不對他們的指控進行調查呢？還是洛克菲勒的那班人簡單地把他們的抱怨看作一種——不管多麼經不起推敲——施加政治影響的藉口了呢？當然，任何藉口都確實會有助於「州當局的朋友們」的。

這樣看來，伯格曼背叛自己的傳統甚至有著更大的諷刺意味，因為他披著猶太教教士的外衣，卻忙於進行掠奪猶太老人的勾當。這又是一個價值觀念的顛倒。猶太教尊崇老人、推崇長壽，但伯格曼為了追逐財富卻窮凶極惡地剝奪了老年人期望得到的那一點點舒適和敬重。伯格曼太完整無缺地接受了美國的一些不那麼積極的民意，對老人橫加作踐。他自信他可以做了壞事而不受懲罰，因為社會是不把老人的遭遇當回事的。

法律逮住了伯格曼，聯邦法庭判他四個月的刑期，罪名是在醫療補助和稅收上進行詐騙；他被州法庭判三年刑期，罪名是賄賂了一個州議員。他簽字放棄財產，以交納政府要求的二百六十萬美元的賠款，其時，法官稱他為「一個厚顏無恥、品德敗壞的人」以及「極少或毫無改悔之心」。

隨後，伯格曼被移送到一個安全措施十分簡單、鐵柵欄最少的監獄。

「它不是個用來限制人的進出，而只是用來告訴我們，自己的財產是在什麼地方完蛋的。」一個看守的警長這樣說。

柵欄也許是個好主意，不然的話，伯格曼也許在同看守人安排好一套出賣產權然後長期租用產業的詭計之後，又會試圖把財產分開來，並造起另一所養老院來……

〈全書終〉

國家圖書館出版品預行編目資料

猶太人的金錢與人生／林郁著 -- 初版-- 新北市：
新潮社文化事業有限公司，2022. 03
冊；　公分
ISBN 978-986-316-822-5（平裝）
1. CST：猶太民族　2. CST：民族文化

536.87　110022353

猶太人的金錢與人生

作　者　林郁
企　劃　天蠍座文創製作
出　版　新潮社文化事業有限公司
電話 02-8666-5711
傳真 02-8666-5833
E-mail：service@xcsbook.com.tw

印前作業　東豪印刷事業有限公司
印刷作業　福霖印刷有限公司

總 經 銷　創智文化有限公司
新北市土城區忠承路 89 號 6F（永寧科技園區）
電話 02-2268-3489
傳真 02-2269-6560

初　版　2022 年 03 月